Richard Friedrich

Vincentius von Beauvais als Üädagog nach seiner Schrift

De eruditione filiorum regalium

Richard Friedrich

Vincentius von Beauvais als Üädagog nach seiner Schrift
De eruditione filiorum regalium

ISBN/EAN: 9783744617437

Hergestellt in Europa, USA, Kanada, Australien, Japan

Cover: Foto ©ninafisch / pixelio.de

Weitere Bücher finden Sie auf **www.hansebooks.com**

ALS PÄDAGOG

NACH SEINER SCHRIFT

DE ERUDITIONE FILIORUM REGALIU

INAUGURAL-DISSERTATION

ZUR

ERLANGUNG DER DOCTORWÜRDE

VORGELEGT DER

PHILOSOPHISCHEN FACULTÄT

DER

UNIVERSITÄT LEIPZIG

VON

RICHARD FRIEDRICH

CAND. THEOL.

OBERLEHRER AN DER THOMASSCHULE ZU LEIPZIG.

LEIPZIG

DRUCK VON OSKAR PETER

1883.

Einleitung.

Mit der Scholastik war für die abendländische Kirche eine neue Zeit angebrochen. Hatte man vorher in der Zeit der sogenannten Patristik die Dogmen und Glaubenssätze festgestellt, so galt es jetzt, dieselben zu begründen und in systematisch-philosophischer Weise zu stützen. Die Veranlassung dazu lag in der Erweiterung der Wissenschaft, welche man fortan nicht mehr allein in den Dom- und Klosterschulen, sondern vor allem auf den jetzt entstehenden Universitäten trieb, und welche bei dem Streben nach wissenschaftlicher Form für den von den Kirchenvätern überkommenen religiös-dogmatischen Inhalt vor allem in der aristotelischen Logik ihre Nahrung fand. Dieses Streben erreichte seinen Höhepunkt im 13. Jahrhunderte, nachdem vorher Männer wie Anselm von Canterbury, Peter Abaelard, die Victoriner in ähnlicher Weise gearbeitet hatten, und ward hier besonders vertreten in den beiden neugegründeten Bettelorden der Dominikaner und Franziskaner. Sie bemächtigten sich, unterstützt von den Päpsten, nachdem sie die Seelsorge ganz in ihre Hand gebracht, auch der Lehrstühle der Universitäten und erlangten z. B. in Paris bereits im Jahre 1244 auf Befehl von Innocenz IV. den Zutritt zu den akademischen Würden. Bald beherrschten sie die ganze Wissenschaft, und das wissenschaftliche Leben bestand für eine lange Zeit, wol kaum zum Vorteile der Theologie, in dem Streite, den sie mit einander führten. Vor allen aber waren es die Dominikaner, die es zu jeder Zeit als ihre Aufgabe ansahen, die Kirchenlehre mit allen Mitteln zu verteidigen. Eine Reihe der bedeutendsten Köpfe jener Zeit zählen sie zu den Ihrigen, so den Albertus Magnus, seinen grösseren Schüler Thomas von Aquino. Meister Ekkard, Tauler, Suso, Vincenz Ferrier, Vincentius von Beauvais. Stehen diese auch geistig nicht alle auf gleicher Höhe, so sind sie doch alle für die wissenschaftliche Entwicklung der Lehre auf den verschiedensten Gebieten von hoher Bedeutung. Es gehen nämlich in jener Zeit besonders zwei Richtungen neben einander her, die speculative, auf die Erforschung des Höchsten, was dem menschlichen Geiste möglich ist, bedachte, und die encyclopädische. Die

1

letztere ist der ersteren nicht gleich zu stellen, aber dennoch ist auch sie von hohem Werte, sofern sie die Errungenschaften aller Zweige der damaligen Wissenschaft in systematischer und einheitlicher Weise dargestellt hat. Ihre Vollendung aber fand auch sie von Seiten der Dominikaner, und zwar durch den oben zuletzt angeführten Vincentius von Beauvais, der in seinem grossen encyclopädischen Werke, dem Speculum majus, »über Alles im Himmel und auf der Erde« geschrieben hat.

Somit wird es eine Darstellung der verschiedenen wissenschaftlichen Disciplinen jener Zeit immer auch mit Vincentius von Beauvais zu thun haben. Ganz besonders aber ist dies der Fall bei der Pädagogik. Ihr nämlich hat er ausser den mannigfachen auf sie bezüglichen Bemerkungen in seinem Spec. majus, und zwar im 2. Teile desselben, dem Speculum doctrinale, noch seine besondere Aufmerksamkeit gewidmet in einer Schrift, die uns erhalten ist unter dem Titel: Tractatus de eruditione filiorum regalium.[1]

Mit dieser Schrift ist Vincentius der Erste geworden, der es versucht hat, eine zusammenhängende Darstellung der christlichen Pädagogik zu geben.

Wenn es nun im Folgenden unsere Aufgabe sein soll, denselben in seiner Bedeutung für die Pädagogik zu würdigen, so wird es sich weiter unten noch zeigen, dass wir uns dabei auf diesen Tractatus beschränken können, und daher werden sich denn auch die folgenden Blätter lediglich mit ihm beschäftigen. Ehe wir jedoch an die Darstellung der Erziehungslehre des Vincentius gehen, sei es uns gestattet, einen kurzen Abriss einmal über die Person des Vincentius und dann über jene Schrift selbst zu geben.

---

[1] Sie findet sich auch unter dem Titel: de eruditione seu modo instruendorum filiorum regalium; oder: de eruditione puerorum nobilium; oder: de institutione puerorum regalium seu regiorum.

I.

Die Persönlichkeit des Vincentius von Beauvais.

Vincentius von Beauvais reicht nicht heran an Albertus Magnus und Thomas von Aquino, wenn man auf Originalität und tiefe geistige Erfassung der Wissenschaft sieht, seine Bedeutung liegt vielmehr darin, dass er Alles, was man in jener Zeit trieb, dachte und schuf, kurz den ganzen Stand der damaligen Wissenschaft zusammenfasste und darstellte, unterstützt von einer Kenntnis der Literatur, die geradezu staunenerregend ist. Er bekennt selbst von sich mit der ihm eignen und seinen Charakter in ein helles Licht stellenden Bescheidenheit, er gebe sich in keinem Fache für eine Autorität aus, sondern trage blos aus anderen zusammen, so dass sein Verdienst eben kein schöpferisches, sondern nur das des Sammlers und Ordners sei.[1]

Er stand in näherer Beziehung zu Ludwig IX. von Frankreich, dem »Heiligen«, dem Beschützer und Gönner der Bettelorden, war aber nicht, wie zuweilen behauptet wird, Lehrer der Kinder Ludwigs. Das lässt sich leicht erkennen aus dem Briefe, den er bei Uebersendung der Schrift de eruditione filiorum regalium an Margaretha, die Königin von Frankreich richtete. Denn dort sagt er, »er habe ihren Auftrag, aus den heiligen Schriften eine geeignete Blumenlese und einen kurzen Wegweiser zur heilsamen Erziehung ihrer Kinder zusammen zu stellen, erfüllt. Wiewohl schon mit einer anderen Arbeit beschäftigt, habe er dieses Buch zufolge der Mahnungen des Clericus Simon zu Ende gebracht und übersende es nun durch denselben[2] der Königin, mit dem Bemerken, »die Lehrer oder Meister der Kinder sollen aus verschiedenen Kapiteln Stoff zum Lesen und Schreiben herausnehmen und darbieten, da jene ihres Alters wegen noch nicht

---

[1] Spec. lib. I. c. 7: Antiquum esse (scil. opus) auctoritate et materia, novum vero partium compilatione et aggregatione, se non per modum auctoris, sed excerptoris ubique procedere.

[2] Er nennt ihn in medio Prol. in Tract. den „Lehrmeister" ihres Sohnes Philipp.

1*

ihig seien. die Schrift selbst zu lesen und zu verstehen [1]). Die
orte machen jene Annahme. dass Vincentius selbst Erzieher d
iniglichen Prinzen gewesen sei, meines Erachtens unmöglich.

Andere Berichte behaupten, er sei Bischof von Beauvais od
rior seines Klosters gewesen [2]); allein auch hierfür ist keiner
eweis zu erbringen. Vincentius sagt selbst von sich im Prolo
im Tractatus de eruditione, dass er zu den Predigermönchen d
losters Royaumont gehört habe und Vorleser (lector) gewesen sei
iesen Ausdruck aber kann man nicht wol auffassen als »öffentlich
ehrer der Theologie«, denn Vincentius sagt ausdrücklich in seine
ractatus consolatorius, er übe die Pflicht eines Vorlesers dem *Belieb*
es Königs gemäss, und der König selbst habe mit Ehrfurcht sein
itteilungen gelauscht und auch fleissig in seinen Schriften gelese
as berechtigt wol zu der Annahme, der gelehrte Mönch sei Vo
ser des Königs gewesen, und der König habe sich bei ihm zuglei
at geholt in geistlichen und kirchlichen Dingen, für die ja Lu
ig IX. ein offenes Herz hatte. Der Verkehr mit einem Manne, w
incentius, mochte ihm daher zur Notwendigkeit werden. Sicherli
ird Vincentius in *diesem* Sinne von Albert Fabricius in seiner Bi
t. med. et infimae aelatis VI genannt: familiae regiae adscriptus
usserdem lässt ein Ueberblick der Werke des Vincentius jene Meinu
sei als öffentlicher Lehrer der Theologie oder anderswie noch thä
ewesen, nicht wol zu.

Der Beiname Bellovacensis oder von Beauvais könnte alle
ngs zu der Ansicht verleiten, er sei Bischof von Beauvais gewes
benso könnte jedoch aus ihm geschlossen werden, er sei zu Beauv
er im Gebiete dieser Stadt geboren, oder habe den Namen erhalte
eil er dem Convente der Prediger in dieser Stadt angehörte.
er That ist dieser Beiname von den verschiedensten Schriftstelle
der verschiedensten Weise aufgefasst worden [5]), etwas Sicheres lä
ch aber hierüber nicht feststellen. Am wahrscheinlichsten sind c
eiden letzten Vermutungen, zu verwerfen ohne Zweifel die ers
sei Bischof von Beauvais gewesen. Einmal reicht sie nämlich n
rück bis in das 15. Jahrhundert, ungefähr 250 Jahre nach d
incentius Tode, dann aber findet sich auch der Name des Vincenti
icht in dem chronologisch geordneten Verzeichnisse derjenigen Bisch
n Beauvais, welche in den Jahren 1175—1312 auf dem Bischo
uhle gesessen und zum Orden der Predigermönche gehört haben
eshalb erklären sich auch die Kirchenhistoriker Fleury (in sr. Hi
cles. Lib. 84. No. 5), Natalis Alexander (hist. eccles. vet. et no

---

[1]) in fine Prol. in Tract.
[2]) cf. Aloys Vogel, Progr. d. Universität Freiburg 1843: Literär-historisc
otizen über den mittelalterlichen Gelehrten Vinc. v. B. § 14.
[3]) Init. prol. in Tract. de erud.
[4]) cf. Aloys Vogel a. a. O. § 13.
[5]) cf. Aloys Vogel a. a. O. § 11.
[6]) cf. Aloys Vogel a. a. O. § 14.

est. Tom. VIII p. 118b), Oudinus (Comm. de script. eccles. III. p. 451)
nd Du Boulay (I. c. 713) dagegen. Ueberlegt man hierzu ferner,
1 welcher Weise Vincentius schriftstellerisch thätig war, so wird jene
lehauptung ganz hinfällig. Denn es ist nicht denkbar, dass er bei
er Gewissenhaftigkeit und Bescheidenheit, welche sich in allen seinen
Verken zeigen, ein Amt verwaltet haben sollte, das ihn im höchsten
laasse von der Schriftstellerei hätte abziehen müssen. Und dazu
:itt noch seine eigne Aussage als Gegenbeweis: er arbeite das
peculum majus auf Betrieb seiner Obern und seines Prior (cf. Prol.
1 Spec. maj.), von denen es ihm als Busswerk aufgegeben sei. Der
'rolog, welcher diese Aussage enthält, kann innerer Gründe wegen
rst im hohen Alter des Vincentius geschrieben sein, und deshalb
onnte er selbst weder die Stelle eines Bischofs, noch eines Prior
ekleiden[1]). Sicherlich hat sich Vincentius darauf beschränkt, in
einem Kloster ganz den wissenschaftlichen Studien zu leben und
ann und wann den König mit seinem Rate zu unterstützen oder
ber wissenschaftliche und kirchliche Dinge zu belehren. In Royaumont
efand sich ein königliches Schloss, in dessen Nähe Ludwig die gleich-
amige Abtei für Cisterziensermönche gegründet hatte. Dort traf
'incentius oft mit dem Könige zusammen und beaufsichtigte und
nterstützte dabei wol auch, wie Vogel in seinem schon gelegentlich
rwähnten Programm meint, die Lehrer der königlichen Kinder im
Interrichte, welchen sie denselben erteilten.

Was endlich sein Geburts- und Todesjahr anlangt, so sind auch
iese in keiner Weise sicher zu stellen. Bei den mannigfachen
lehauptungen, die wir betreffs seines Todesjahres finden, ist nur d
ine sicher, dass er nicht vor dem Jahre 1260 gestorben sein ka
las beweist eine Schrift, die er an die Königin Margaretha sandte,
nd die betitelt ist Tractatus consolatorius. Sie war abgefasst, um die
Lönigin über den Tod ihres Sohnes zu trösten. Dieser Sohn aber
:arb im Jahre 1260. Auch die zu Valenciennes gefundene Grabschrift
es Vincentius vermag über sein Todesjahr keine Klarheit zu schaffen.

Das Jahr seiner Geburt endlich verlegt man, ohne auch dafür sichre
leweise beibringen zu können, in die Zeit zwischen 1184 und 1194.

Etwas Weiteres lässt sich über die Persönlichkeit des Vincentius
icht beibringen, und selbst das bisher Angeführte noch beruht zu-
ieist nur auf Vermutungen. Merkwürdig, dass ein Gelehrter wie
'incentius, der von so umfassender schriftstellerischer Thätigkeit war,
iit keiner Silbe seiner eignen Person gedenkt. Auch die Geschichts-
schreiber der älteren Zeit, die sich mit ihm beschäftigt haben, wie
ouron, Quétif und Echard, Moreri, Daunou u. a. sind nicht im
tande gewesen, mehr über ihn zu Tage zu fördern[2]).

---

[1]) Vogel. a. a. O. § 14.
[2]) cf. über Vinc. noch: *Hoefer*, Nouvelle biographie générale unter Vincent
e Beauvais. — *Biographie universelle*, ancienne et moderne, rédigé par une
)ciété de gens de lettres et de savants. Tom 49.

II.

Die Schrift de eruditione filiorum regalium.

Ausser einem Nachweise über ihre Entstehung geben wir hier die Ueberschriften der Kapitel, in welche Vincentius ·seine Schrift eingeteilt hat, weil aus ihnen im Grossen und Ganzen der Plan kenntlich wird, nach dem sie abgefasst ist, und fügen dann noch einige literarische und bibliographische Notizen bei.

A. Die Entstehung der Schrift.

Der Tractatus de eruditione filiorum regalium gehört nach des Vincentius eigener Angabe zu einem grösseren Werke, das er als opus quoddam universale bezeichnet, und ist *verfasst auf Veranlassung 'r Königin Margaretha.* Es geht dies hervor aus dem Prologe zum Tractatus selbst, in welchem er sagt, er habe, als die Bitte der Königin um eine Schrift über Erziehung an ihn ergangen sei, an einem grossen Werke (opus quoddam universale) über Fürstenstand und fürstliches Haus- und Hofgesinde, über Staatsregierung und Reichsverwaltung gearbeitet, welches er nicht nur aus der heiligen Schrift, sondern auch aus den Aussprüchen rechtgläubiger Gelehrter und besonders der Philosophen und Dichter zusammengesetzt habe[1]. Um aber der Königin zu gehorchen, habe er den Teil jenes opus quoddam universale, der sich auf die Erziehung königlicher Prinzen beziehe, eher geschrieben, als er nach dem Plane, welchen er für jenes grosse Werk entworfen, geschrieben werden sollte, und übersende diesen Teil der Königin in der Schrift: Tractatus de eruditione filiorum regalium[2].

---

[1] Opus quoddam universale de statu principis, ac de totius regalis curiae sive familiae, nec non et de reipublicae administratione, ac totius regni gubernatione, non solum ex divinis Scripturis, verum etiam ex doctorum catholicorum sententiis; insuper etiam ex philosophicis et poeticis confectum.

[2] Ut vestrae petitioni, quae apud nos merito praecepti vigorem obtinet, citius satisfacerem, ordine praetermisso, partem illam praefati operis, quae ad puerorum regalium instructionem pertinet, componere festinavi. (Prol. in Tract. de erud.)

Das opus universale ist aber unter diesem Titel nicht auf uns gekommen, und wird überhaupt nirgends als ein besonderes Werk des Vincentius erwähnt. *Bourgéat* in seinen études sur Vincent de Beauvais p. 28 und *Vogel* in s. Progr. p. 36 Anmk. 12 meinen daher, es sei entweder verloren gegangen oder nie veröffentlicht worden, der wesentliche Inhalt aber finde sich wieder in seinem Spec. doctrinale. Es fragt sich jedoch, ob überhaupt die Existenz dieses Werkes als eines besonderen und selbständigen anzunehmen ist, oder ob es nicht *identisch* ist mit dem Speculum doctrinale. Die inneren Kriterien lassen eine solche Identificierung der beiden Werke völlig zu. Im Spec. doctrinale nämlich findet sich die Behandlung genau desselben Stoffes, als in jenem opus universale. Vincentius verbreitet sich hier ausser über viele andere wissenschaftliche Disciplinen anch über Fürstenstand und fürstliches Haus- und Hofgesinde, über Staatsregierung und Reichsverwaltung u. dergl., und die Erziehungsfragen kommen ebenso zur Sprache, wie in der Schrift de eruditione f. r.[1]). Es kann diese letztere also mit vollem Rechte auch ein Teil des Spec. doctrinale genannt werden. Nur darin könnte noch eine Schwierigkeit gefunden werden, dass Vincentius den Tractatus de eruditione nicht einfach einen Teil des Spec. doctrinale, sondern den eines opus universale nennt. Weiter unten wird sich jedoch noch zeigen, dass von dem Speculum damals noch nichts bekannt war, und dass mit einem blossen Titel infolgedessen auch nichts gedient gewesen wäre. Deshalb führt denn auch Vincentius nur den Inhalt des begonnenen Werkes an, soweit aus demselben hervorgeht, dass er auch ohne die damals an ihn ergangene Bitte der Königin Fragen über Erziehung behandelt haben würde. was er jetzt nur früher thut, als es nach seinem Plane hätte geschehen sollen.

Freilich könnte man einwenden: warum findet sich dann der Tractatus de eruditione filiorum regalium nicht wörtlich im Speculum doctrinale wieder? Es hat dies seinen Grund in der verschiedenen Bestimmung der beiden Schriften. Im Tractatus de eruditione behandelt Vincentius die Erziehungsfragen sehr eingehend und in einer zur praktischen Anleitung passenden Weise, im Spec. doctrinale dagegen deutet er nur kurz an, giebt nur die Hauptgedanken und Principien und beweist diese mit Stellen aus den verschiedensten Schriftstellern. Diese Hauptgedanken und Principien aber stimmen mit denen im Tractatus überein, und auch die Citate für den gleichen Stoff sind in beiden Werken meist dieselben (cf. Spec. doctr. lib. VI c. 12 de moribus puerorum; c. 13 de moribus juvenum; cc. 22—30; c. 100 de juvenili aetate), so dass in beiden Schriften ganz derselbe Stoff, nur in verschiedener Bearbeitung sich findet, und der Tractatus

---

[1]) In der Ueberschrift des c. VI. des Spec. doctr. heisst es: in illo namque (libro V) agitur generaliter moribus vel habitibus bonis et malis, id est, de virtutibus et viciis, in hoc autem (libro VI) primo describuntur particulariter mores hominum cujusque condicionis ac sexus atque aetatis. Post modum autem in universali de bona et mala hominum vita.

genannt werden kann.

Diese inneren Momente gestatten also eine Identificierung des opus universale und des Speculum doctrinale. Die aufgestellte Behauptung jedoch, das erstere habe existiert, sei aber nicht veröffentlicht worden, sondern später in das letztere übergegangen, lässt sich durch sie noch nicht widerlegen. Dazu führt erst eine Reihe hier einschlagender äusserer Gründe.

Wenn das opus universale und das Speculum doctrinale zwei verschiedene Werke wären, so müsste Vincentius zu gleicher Zeit an beiden gearbeitet haben. Es ergiebt sich nämlich aus einer Notiz des Vincentius am Ende des Spec. naturale, dass dieses im Jahre 1250 vollendet ist,[1]) und ebenso für das Spec. historiale, dass es 1254 fertig wurde.[2]) *Vor* beiden aber muss das Spec. doctrinale geschrieben sein, denn das Spec. historiale ist in seinem Anfange lib. I. cc. 1—55 im Wesentlichen eine kurze Wiederholung des im Spec. doctrinale und naturale behandelten Stoffes, so dass die beiden letzten Specula bei seiner Entstehung vorausgesetzt werden müssen. *Zwischen* das Spec. naturale aber und das Spec. historiale, also in die Jahre von 1250—1254 kann selbstverständlich bei der gewaltigen Ausdehnung jedes einzelnen Speculum die Abfassung des Spec. doctrinale nicht fallen, es muss mithin vor 1250 geschrieben sein. — Darauf hin scheint auch der von Vincentius zum Spec. majus geschriebene Prolog zu weisen, in welchem er erklärt, er habe nach langen Erwägungen, wie das Werk zu ordnen und auszuführen sei, den Plan dahin entworfen, dass an erste Stelle das Spec. naturale, an zweite das Spec. doctrinale und an dritte das Spec. historiale treten solle.[3]) In dieser Reihenfolge kann aber das Werk nach dem oben Gezeigten nicht gearbeitet sein, und es drängt sich die Frage auf, warum Vincentius seinen Plan nicht eingehalten habe. Das erklärt sich nun leicht aus der Forderung des Königs, er solle ein Werk über Fürstenstand etc. schreiben — denn nur von diesen Teilen sagt Vincentius, dass sie auf Veranlassung des Königs entstanden seien, nicht vom ganzen Spec. majus[4]) — und um dieser Forderung

---

[1]) Spec. nat. lib. 32, c. 102: ecce tempora aetatis sextae usque ad annum praesentem summatim perstringendo auxiliante deo descripsimus, qui est annus ab incarnatione domini MCCL.

[2]) Gegen Schlosser, welcher in s. Werke über Vinc. Bd. I, 205 ungeachtet jener Angabe des Jahres von Vinc. selbst, behauptet, das naturale sei *nach* dem historiale entstanden. — Dass überdem das Spec. naturale *vor* dem historiale geschrieben sein muss, beweist auch ohne jene Jahresangabe eine Stelle in 32. Buche des Spec. nat., in welcher Vinc. bei der Besprechung von Asia, Africa und Europa und einer gedrängten Uebersicht der Weltgeschichte hinzufügt, dass hierüber im Spec. historiale ausführlicher gehandelt werden solle. Dies geschieht denn auch wirklich im Spec. hist. lib. I, c. 64—69.

[3]) Prima (pars) persequitur naturam et proprietatem omnium rerum; secunda materiam et ordinem omnium artium; tertia seriem omnium temporum.

[4]) cf. Vogel a. a. O. § 13. Anmk. 7.

unverzüglich Folge zu leisten, schrieb er zuerst das Spec. doctrinale, in welchem jene Dinge ohnehin behandelt werden sollten. Für den Fall, dass schon vor Beginn des Speculum majus jenes opus universale als besonderes Werk existiert hätte, wäre ein Grund für Abänderung des Planes bei der Ausführung durchaus nicht abzusehen. Nun kann aber die *Abfassung* des Tractatus de eruditione nur in die Zeit *vor* 1249 fallen. Die Königin Margaretha begleitete ihren Gemahl Ludwig auf dem Kreuzzuge von 1249—1254, so dass ihr also in diesen Jahren die Schrift nicht überreicht werden konnte, ebensowenig aber auch nach 1254, wo sie zurückgekehrt war, weil damals ihre Kinder zu alt waren, als dass von ihnen gesagt werden konnte, sie vermöchten die Schrift nicht zu lesen (cf. p. 8.) Nur in der Zeit vor 1249 konnte von einer infantia der königlichen Kinder, wie Vincentius sich im Prologe zum Tractatus ausdrückt, die Rede sein. Sonach fällt die Zeit der Entstehung des Tractatus de eruditione mit der Zeit der Abfassung des Spec. doctrinale, an welchem Vincentius schon arbeitete, zusammen, und er müsste, wäre das opus universale ein besonderes Werk, zu gleicher Zeit mit ihm und mit dem Speculum beschäftigt gewesen sein. Vom Spec. majus aber sagt er selbst im Prol. c. 16, es sei zu einer gewaltigen Ausdehnung angewachsen, und c. 3, er habe die Belegstellen in ihm aus unzähligen Büchern gesammelt, und vom opus universale, es sei ein Werk non solum ex divinis Scripturis, verum etiam ex doctorum catholicorum sententiis, insuper etiam ex philosophicis et poëtis confectum (Prol. in Tract. de erud.), so dass es ganz undenkbar erscheint, dass er sich mit zwei solch' umfassenden Werken zu gleicher Zeit beschäftigt habe. Abgesehen davon nun, dass diese beiden Aussprüche des Vincentius über angeblich zwei verschiedene Werke ziemlich zusammen stimmen, so dass man unbedenklich den auf das eine Werk bezüglichen für das andere und umgekehrt setzen könnte, warum sollte er denn denselben Stoff zweimal in solch' umfassender Weise behandelt haben? Warum sollte er weiter jenes opus universale, wenn es ein besonderes Werk gewesen wäre, nicht veröffentlicht haben, zumal da er es doch auf den Befehl des Königs Ludwig selbst verfasst hatte? Worauf will man die Behauptung stützen, das opus universale sei zum grössten Teile in das speculum doctrinale übergegangen? Es fällt dies Alles in sich zusammen, zumal da auch des opus universale selbst nirgends bei einem der späteren Schriftsteller Erwähnung geschieht.[1]

---

[1] Die Ansicht Vogel's über diese Frage in s. Progr. muss allerdings als eine unbestimmte bezeichnet werden, er lässt die Entscheidung offen. — Näher aber verbreitet sich über dieselbe Bourgéat in s. études sur Vincent de Beauvais, widerspricht sich aber fast in einem Atem und vermengt bei der oben widerlegten Behauptung, die er aufstellt, den Stand der Dinge in unerklärlicher Weise. Er sagt nämlich p. 28: cet ouvrage (opus univers.) dis-je, n'existe plus, ou du moins ne se retrouve plus ni imprimé, ni manuscrit. Vincent de Beauvais ne l'a peut-être jamais publié; plusieurs parties de cet ouvrage ont dû passer dans le Speculum majus; und ebenso p. 20: outre ce livre sur l'éducation des princes, Vincent de Beauvais s'occupait encore d'un autre grand ouvrage sur

Das Gesammtergebnis wird also bisher folgendes sein: das im Prolog zum Tractatus de eruditione von Vincentius selbst erwähnte opus quoddam universale desselben und sein Speculum, und zwar speciell sein Spec. doctrinale, sind identisch. Einen Teil des Stoffes aber, welchen Vincentius im Spec. doctrinale behandelte, hat er noch einmal besonders bearbeitet in der Schrift, welche betitelt ist: Tractatus de eruditione filiorum regalium. Diese ist veranlasst durch eine Bitte der Königin Margaretha, welche von Vincentius ein Lehrbuch zur Anleitung für die Erziehung ihrer Kinder begehrte, und muss in der Zeit *vor* 1249 entstanden sein. Sollte sie ihrem Zwecke entsprechen, so musste sie populär gehalten sein, nicht wie das Spec. doctrinale rein wissenschaftlich, und das ist zugleich der Grund, warum Vincentius den gegen seinen Plan schon einmal bearbeiteten Stoff an der ihm im Speculum angewiesenen Stelle nicht einfach wörtlich wieder aufnahm, sondern in der dort begonnenen und beabsichtigten Weise, also kürzer und auf das Praktische gerichtet, noch einmal bearbeitete.

Hierin liegt aber zugleich die Berechtigung dafür, dass sich eine Darstellung der Pädagogik des Vincentius im Wesentlichen auf dessen Tractatus de eruditione beschränken kann.

B. Ihre äussere Anlage.

Vincentius teilt seine Schrift in 51 Kapitel, deren jedes mit einer Ueberschrift versehen ist. Diese Kapitel wieder gliedern sich deutlich in drei Gruppen: c. 1—XXII; c. XXIII—XLI und c. XLII—LI, die aber äusserlich nicht markiert sind. Die letztere ist nur ein Anhang und handelt über Töchtererziehung, die beiden ersten entwickeln die Erziehungslehre des Vincentius nach ihren beiden *Grundlinien*, und zwar handeln c. 1—XXII über den Unterricht, c. XXIII—XLI über die Zucht. Vincentius stellt diese Gliederung im 1. Kap. fest und geht dann auch sofort zur Ausführung des ersten Teiles über. Einen

toutes les parties de la politique, et, selon toute apparence, d'un autre ouvrage encore plus universel, le Speculum majus, ou le grand spectacle de la nature, de l'histoire, des arts et des sciences. — Damit steht aber in direktestem Widerspruche eine Aeusserung auf Seite 19: Cet ouvrage (opus quoddam universale) plus étendu, sur les diverses branches de la politique et du gouvernement, est-il le même que le Speculum doctrinale, dans lequel ces matières, comme plusieurs autres, sont traitées in extenso et ex professo, autant que le comportaient les lumières de ces temps-là? Cela nous paraît probable. Il n'est pas vraisemblable en effet, que Vincent de Beauvais ait composé deux ouvrages différents d'une aussi grande étendue sur une même matière: d'autant que nous avons trouvé, dans le livre de Eruditione fil. reg. plusieurs chapitres tirés intégralement, quant au texte ou quant au sens, du Speculum doctrinale. — Unserer Ansicht scheint auch Schlosser zu sein cf. Bd. 1, p. 207, doch ohne die entstehenden Bedenken zu erwägen. — *Falsch* dagegen ist die in der schon erwähnten Biographie universelle Tom. 49 sich findende Bemerkung: Schlosser à dernièrement *traduit* en allemand 51 chapitres du livre VI du Miroir scientifique sous le titre de Manuel d'éducation de Vincent de Beauvais, pour les princes et leurs instituteurs.

besonderen Abschnitt über die Erziehung im Allgemeinen hat er nicht. Bemerkungen hierauf bezüglich finden sich durch's ganze Werk verstreut. Von den Kapiteln unter jenen drei Hauptabschnitten aber ist nicht jedes einzelne in sich abgeschlossen, sondern es bilden in der Regel deren mehrere ein Ganzes. Denn Vincentius liebt es, einen aufgestellten Satz in dem einen Kapitel zu besprechen und zu zergliedern, die dabei aufgestellten Unterteile desselben aber erst in den folgenden zu erörtern (cf. c. VII—XI; c. XII—XIII etc.).

Da nun die principielle Gliederung, nach welcher Vincentius im Tractatus seine pädagogischen Anschauungen entwickelt, zum Teil schon aus jenen Kapitelüberschriften ersichtlich wird, so führen wir dieselben hier an. — Sie lauten folgendermassen:

C. Literarische und bibliographische Notizen über dieselbe.

Merkwürdiger Weise ist der Tractatus de eruditione filiorum regalium bisher wenig, ja fast gar nicht beachtet worden. Er ist bei der Aufzählung der Schriften des Vincentius häufig sogar nicht einmal erwähnt. Der einzige, welcher ihm bisher seine besondere Aufmerksamkeit geschenkt, ist *Friedrich Christoph Schlosser,* der im Jahre 1819 in Frankfurt a/M. eine Uebersetzung desselben erscheinen liess, begleitet von wertvollen Nachrichten »über Vincent von Beauvais und den Inhalt seiner grösseren Werke« unter dem Titel: »Vincent von Beauvais, Hand- und Lehrbuch für königliche Prinzen und Lehrer« 2 Teile. Die Bedeutung und den pädagogischen Gehalt der Schrift selbst aber erörterte er nicht näher. — Ein Werk des oben mehrfach erwähnten *Bourgéat,* études sur Vincent de Beauvais, théologien, philosophe, encyclopédiste, Paris 1856, lässt sich auf die pädagogische Bedeutung des Vincentius nur beiläufig ein und beschränkt sich betreffs des Tractatus de eruditione auf einige kurze Notizen. — *Alloys Vogel* in seinem Universitätsprogramm: Literärhistorische Notizen über den mittelalterlichen Gelehrten Vincenz von Beauvais, Freiburg 1843, giebt in einem Anhange nur die Kapitelüberschriften des Werkchens an mit einem Hinweis auf dessen reichen Inhalt. —

In geschichtlichen und philosophischen Werken, die über Vincentius sprechen, auch z. B. bei *Prantl,* in seiner »Geschichte der Logik im Abendlande« Bd. III. p. 77—78 ist der Tractatus meist ganz unberücksicht gelassen. — Die *Encyclopädien* endlich geben nur einen unvollständigen Auszug des pädagogischen Werkes von Vincentius, so die von *Schmid* in dem hier einschlagenden Artikel, und auch die Behandlung des Tractatus in der Gesch. der Pädagogik von *Schmidt,* Bd. 2 p. 301 ff. beschränkt sich darauf.

Die *Ausgaben* des Tractatus selbst sind selten. Ebert in seinem Allgemeinen bibliographischen Lexicon« datiert den Druck desselben aus der Zeit um 1476: Vincentius Bellovacensis, liber de eruditione filiorum regalium (Rostoch, fratres domus viridis horti, um 1476), mit 40 Zeilen in 2 Coll., mit der Type des Rostocker Lactantius von 1476 gedruckt. Aus späteren Jahren findet sich keine Ausgabe. — Dem Verfasser dieser Abhandlung stand ein Exemplar aus der öffentlichen Königl. Bibliothek in Dresden zu Gebote, welches bei fehlendem Titelblatte die geschriebene Vorbemerkung enthielt: Patris Vicentii Tractatus de eruditione filiorum regalium sine anno et loco attamen editio antiqua circa 1480, liber inter rariores rarissimus et perpaucis cognitus. Gedruckt ist diese Ausgabe in der von Ebert angegebenen Weise.

III.

Darstellung der pädagogischen Anschauungen des Vincentius.

A. Allgemeiner Teil[1].

§ 1.

Erziehung ist dem Vincentius ein Erfordernis für jeden Menschen.

Jeder Mensch trägt in sich eine Summe von Fähigkeiten und Anlagen (dispositiones vel habilitatem), die, *wenn auch durch die Erbsünde getrübt*[2], *doch bildungs- und entwicklungsfähig sind*, und weil ursprünglich alle auf ein gewisses Bild zukünftiger Tüchtigkeit (quaedam futurae virtutis imago) gerichtet, der Unterstützung und Leitung notwendig bedürfen.

Diese Erziehung nun soll ausgehen von einem besonderen, dazu erwählten Lehrer. Ihm überträgt Vincentius überhaupt das ganze Werk, und wenn er doch in einzelnen verstreuten Bemerkungen die Zucht auch von den Eltern gehandhabt wissen will, so geschieht dies mehr nur bezüglich des ersten Kindesalters, das aber durchweg nur sehr nebenbei behandelt wird. Bei der Wahl eines solchen Lehrers aber fordert er Umsicht, weil immer nur der zur Erziehung berufen werden soll, der für die zu erziehenden Kinder wirklich geeignet sei, und dem auch die Eltern selbst sich vertrauensvoll anzuschliessen und unterzuordnen vermögen[3]. Um aber für diese Wahl einen Anhalt zu geben, entwirft er von dem Lehrmeister im 2. Kap. seines Buches ein eingehendes Bild. *Der Lehrer soll in jeder Hinsicht für seine Schüler ein Vorbild sein.* Er soll ausgerüstet sein mit Talent und Einsicht (mens ingeniosa), um das Beste für die Lehre immer auszu-

---

[1] Vincentius behandelt zwar wie schon p.10 u. 11 gesagt, die „Grundbegriffe der Erziehung" nicht in einem besonderen Abschnitte. Wir versuchen aber seine hierher bezüglichen Grundsätze geordnet und übersichtlich dem Ganzen vorauszustellen. Unsre Darstellung teilen wir einer klareren Einsicht halber durchgehends in Kapitel, deren Abgrenzung sich nach den verschiedenen Hauptgedanken des Stoffes bestimmen soll.

[2] Sensus et cogitatio humani cordis in malum prona sunt ab adolescentia c. XXV.

[3] Incipienti igitur convenit primo magistrum quaerere et sibi competentem eligere; seque si fieri potest ei conjungere seque ei dem subjicere. c VII.

wählen und seine eigenen Ansichten darein verweben zu können, zugleich aber auch mit natürlicher Beredsamkeit, um dasselbe in angemessener Weise dem Kinde nahe zu bringen. Vor allem aber soll er sich eines ehrbaren Wandels befleissigen, damit nicht seines eignen Lebens Schuld seine Lehre widerlege (quia turpe est doctori, cum culpa redarguit ipsum); und mit beiden, der Einsicht und dem ehrbaren Wandel, muss er dann Demut verbinden, denn nur wenn sie auf der Demut fusst, hat Geistesbegabung und Wissen einen wirklichen Wert. Es soll ihm daher immer vor Augen stehen, dass er sein Wissen doch nur von Gott hat, und im eigentlichsten Sinne Gott der alleinige Meister und Lehrer ist (solus deus magister proprie dicitur et non homo).

Einen bestimmten Begriff der Erziehung formuliert Vincentius übrigens nicht.

§ 2.

Das *Ziel der Erziehung* bestimmt Vincentius vom *religiösen* Standpunkte aus. Auf augustinischem Boden stehend lehrt er, dass im Menschen von seiner Entstehung an alles verderbt sei, und dass er sich nicht in dem Zustande befinde, für den sein Geschlecht ursprünglich geschaffen. Geschaffen ist ihm der Mensch für's Reich Gottes und nach dem Ebenbilde Gottes. Das höchste Ziel muss sonach für ihn immer das sein, Gott in rechter Weise zu dienen, um dadurch dem göttlichen Ebenbilde wieder näher zu kommen und seiner Bestimmung für's Reich Gottes würdig zu werden. — Nun wird aber nach seiner Lehre jede Seele, sobald sie in den Leib des Kindes eintritt, in Folge der Verderbtheit dieses Leibes (ex carnis corruptione) in doppelter Weise selbst verderbt, einmal nämlich in Bezug auf *die Einsicht* (das Erkenntnisvermögen), welche sich in Unwissenheit verkehrt, dann in Bezug auf den *Willen*, der von bösen Begierden und Leidenschaften hingenommen wird. Diese doppelte Verderbnis aber, der jede menschliche Seele vom Anfange ihrer Existenz an preisgegeben ist, macht dieselbe träge und stumpf (rudis), sowohl zum rechten Erkennen, als auch zum rechten Handeln [1]). Im Menschen ist also alles ursprünglich verderbt, der rechte Weg zum Heil ist verloren, und es muss ein Mittel gesucht werden, durch welches seine Verderbnis beseitigt wird.

Dieses Mittel aber ist kein anderes als die Erziehung. Durch sie allein ist es möglich, das dem Menschen verloren gegangene Ebenbild Gottes demselben zurückzugeben, ihr Ziel daher auch kein anderes als *den Menschen aus jenem Stande der Verderbnis und Rohheit heraus zu versetzen*[2]) und, positiv ausgedrückt, *ihn geschickt zu machen für's Reich Gottes.*

---

[1]) Anima siquidem infantis carni recenter infuso ex ejus corruptione contrahit et caliginem ignorantiae quantum ad intellectum, et putredinem concupiscentiae quantum ad effectum, ideoque rudis efficitur et ad intellegendum et ad bene agendum c. I.

[2]) Est autem crudire extra ruditatem ponere. c. I.

Mit Recht verlegt also Vincentius den Zweck der Erziehung in
den Zögling hinein, den Zweck des Menschenlebens aber sucht er
dabei in theologischer Weise nur ausserhalb und jenseits des irdischen
Lebens. Ausschliesslich die religiösen Principien in Betracht ziehend,
lässt er ganz unberücksichtigt und unbetont, dass der Mensch auch
Selbstzweck der Erziehung ist, und dass unter jenem Gesichtspunkte
und nach jenem Ziele, wie er es richtig fasst, dann auch dessen
Individualität gemäss der ihm eigentümlichen Anlagen so gebildet
werden muss, dass sie innerlich frei bleibt und sich zugleich in einem
gewissen Berufe, dem sie sich hingiebt, in den Dienst des Gemein-
wesens stellt, von dem jeder Mensch ein besonderes Glied ist. Als
streifend an das Vermisste können zu einem kleinen Teile höchstens
die Gründe des Vincentius gelten, welche er für die Erziehung vor
allem der fürstlichen Kinder anführt. Diese seien, so erklärt er, um
ihres höheren Standes willen und deswegen, weil die gute Erziehung
eines Fürsten dem ganzen von ihm zu regierenden Volke nütze, derselben am meisten bedürftig. Sonst jedoch berechnet Vincentius seine
pädagogischen Ratschläge durchgehends für den oben angeführten und
für ihn allein in Betracht kommenden Lebenszweck.

§ 3.

Von Wichtigkeit aber und hohem Interesse für uns ist es, dass
Vincentius ebenso die *Möglichkeit* als die *Notwendigkeit* der Erziehung behauptet und verteidigt, sofern er ihr mit vollster Ueber-
zeugung die Macht beimisst, den Menschen in den ihm ursprünglich
bestimmten, jetzt aber verloren gegangenen Stand zurück zu versetzen.
Er giebt zwar zu, dass wohl auch ohne Erziehung ein glückliches
Talent (ingenium) zum Ziele der Bildung gelangen könne, und ebenfalls, dass sich allerdings trotz der Erziehung verdorbene Individuen
fänden, misst jedoch im letzteren Falle die Schuld davon entweder
äusseren Umständen bei, welche auf das zu erziehende Subject eingewirkt und den Erfolg der Erziehung vernichtet haben (schlechte
Gesellschaft etc.), oder einer nachlässigen oder verkehrten Zucht, beide
gleichsam als Ausnahmefälle betrachtend, welche nicht erweisen
können, dass das Erfordernis einer guten und richtigen Erziehung
unberechtigt sei. Von Seiten einer guten und richtigen Erziehung ist
er sich sonst meist des Erfolges gewiss: denn die Natur habe uns
zwar einen noch nicht zur Reife gekommenen Verstand gegeben
(rationem imperfectam), aber gelehrig (dociles) geschaffen, und bei
aller Erbsünde seien wir angelegt auf ein Bild zukünftiger Tüchtigkeit.
Die edlere Natur in uns kann aber, so lehrt er weiter, nicht zur
Herrschaft gelangen, bevor sie nicht anfängt, durch Uebung, Erfahrung
und Unterricht unterscheiden zu lernen, gerade so, wie ein Mann
mit scharfem Auge im Dunklen erst dann sieht, wenn er sich
nach und nach an dasselbe gewöhnt, und ebenso wenn Licht an-
gezündet wird, erst dann, wenn er sich an's Licht gewöhnt hat. Er

verlangt daher ausdrücklich, nicht von der Erziehung abzustehen, selbst wenn man zu Anfange nicht viel Fortschritte sehen sollte[1]. Es ruhe auf dem Gewissen der Eltern, ob ihre Kinder gut oder schlecht seien.

Er misst also der Erziehung keineswegs einen unfehlbaren Erfolg bei, denn aus dem Obigen und auch im weiteren Laufe der Entwicklung seiner Pädagogik ist die Anerkennung von Schranken, welche ihr gezogen sind, vollkommen ersichtlich. Vincentius setzt die Anlagen der einzelnen Menschen als verschieden und den Willen als frei, wenn auch als träge zum Rechtthun. Infolgedessen vermag sich der Zögling der Einwirkung der Erziehung auch zu entschlagen, und wahrhaftige Güte, die er durch sie erlangen soll, zu erheucheln. Aber andererseits bleibt ihm doch die Erziehung das einzige Mittel, durch das auf die inneren Anlagen und den Willen heilsam eingewirkt werden kann.

§ 4.

Unter den Einfluss dieser Erziehung nun soll der Mensch gestellt werden *von Kindheit an*[2]. Vincentius vergleicht dieses Alter im Eingange seiner Schrift treffend mit weichem Wachse oder einem jungen Bäumchen, da es ähnlich wie diese am leichtesten eine Bearbeitung seiner selbst zulasse.

Freilich ist der Begriff »von Kindheit[3] an« (a pueritia) etwas unbestimmt. Vincentius verlangt schon für diese Zeit einen Anfang der Verstandes- und Herzensbildung, weil der Sinn hier noch völlig geschmeidig und biegsam sei. Da dies aber für die erste, noch sprachlose Kindheit nicht wohl möglich und ausführbar ist, so hat man unter dem Begriffe einer Erziehung a pueritia wol eine Erziehung zu verstehen, die dann erst in Wirksamkeit tritt, wenn das Kind anfängt, selbstbewusst und damit erziehungsfähig zu werden, ohne dass irgend welche *bestimmte* Grenze für den Anfang damit vorgeschrieben sein soll. Dies geht auch daraus hervor, dass Vincentius das erste, der Sprache noch nicht mächtige Kindesalter durchweg, auch bei der Darstellung der Zucht, fast gänzlich unberücksichtigt lässt. Ebenso wie der Anfang aber ist von ihm auch das Ende der Erziehung nicht genauer bestimmt, und wohl mit Recht, da ja eine solche Bestimmung bei der Verschiedenheit der menschlichen Anlagen immer nur eine relative sein kann. Für beendet scheint er sie dann zu erklären, wenn der Zögling einmal sowol sich selbst als andere

---

[1] Nec ideo cessandum est ab eruditione, licet in principio non multum videatur proficere.

[2] Curva illos a pueritia eorum. c. I.

[3] Unser Wort „Kindheit" ist eigentlich zu eng; es deckt sich nicht mit dem lateinischen pueritia (worunter häufig auch die infantia einbegriffen ist, gerade wie umgekehrt unter infans oft auch noch ein puer verstanden wird). Bei Vincentius begegnen beide Fassungen des Wortes pueritia, die engere und die weitere, während er infans und infantia meist nur von den Unmündigen νήπιοι zu gebrauchen scheint.

2

unterrichten kann (pertinet ad perficientes studere et exercere, ad perfectos autem docere), und wenn er die Hinneigung zum Bösen so weit überwunden, dass er in allem den Weg seiner Bestimmung ohne Anleitung allein gehen kann. Wann aber dieser Zeitpunkt eintritt, das ist ihm unbestimmbar. Nur im Allgemeinen fügt er die Bemerkung hinzu, dass für die Meisten die Erziehung auch im Jünglingsalter noch nötig sei.

Die Erziehung selbst soll eine stufenmässige sein, und auf den verschiedenen Altersstufen muss sie einen verschiedenen Charakter tragen. Was das für einer sei, dies führt er näher aus bei der speciellen Besprechung der Mittel der Erziehung. Die Altersstufen selbst aber, die für die Erziehung in Betracht kommen, sind das Knaben- und das Jünglingsalter; im Mannesalter soll der Mensch erzogen sein.

§ 5.

Die Aufgabe der Erziehung aber fordert zu ihrer Lösung bestimmte *Mittel.* Dieselben ergeben sich dem Vincentius in logischer Consequenz aus dem bei der Frage nach dem Endzwecke der Erziehung bereits Erörterten und von ihm Festgestellten. Wenn nämlich der Mensch in doppelter Weise verderbt ist, einmal in Bezug auf die *Erkenntnis*, an deren Stelle Unwissenheit getreten ist, und dann in Bezug auf den *Willen*, der bösen Begierden und Leidenschaften verfallen ist, und wenn diese doppelte Verderbnis ihn hindert, in den ursprünglichen Stand seiner Bestimmung zurück zu gelangen, so ist es Aufgabe der Erziehung, diesen doppelten Defect zu beseitigen. Das aber ist nur durch zwei Mittel möglich, und zwar

a) durch *die Lehre* oder den Unterricht, um das Erkenntnisvermögen zu erleuchten (die unterstützende Seite) und

b) durch *die Zucht*, um den Willen mit seinen bösen Begierden und Leidenschaften zu zügeln (die gegenwirkende Seite) [1].

Beide, Lehre und Zucht, müssen bei einer vollständigen und rechten Beziehung immer verbunden werden. Keins ist denkbar ohne das andere. Wissen ohne Tugend vermöchte nur zu schaden, nicht zu nützen, Tugend mit Wissen verbunden aber ist Weisheit (virtus cum scientia conjuncta est sapientia).

Unter dem Begriffe der *Lehre* oder des Unterrichts versteht dabei Vincentius die Thätigkeit des Lehrers oder Erziehers, in welcher er sein eigenes Wissen dem Lernenden mitteilt, unter *Zucht* dagegen die »wohlgeordnete Besserung« des Charakters des Zöglings [2], welche darin besteht, dass sie vom Bösen abhält und zum Guten erzieht [3]. Beide

---

[1] Itaque propter hanc duplicem ruditatem oportet hujus animam suscipere duplicem eruditionem: videlicet doctrinae ad illuminandum intellectum, et disciplinae ad regendum affectum. c. I.

[2] Est enim doctrina scientia doctoris vel monitoris discipulo impertita. Disciplina vero est ornata morum correptio. c. I.

[3] — ut a malo coerceatur, et ad bonum informetur, et utrumque pertinet ad disciplinam. Nam disciplina dicitur et ipsa coertio, quae fit ad correctionem, et ipsa correctio, quae sequitur coertionem. c. XXV.

aber, Unterricht und Zucht, sind von Anfang an vereint zu üben. Sie müssen ineinander übergreifen. Es genügt nicht, den Zögling nur durch die Lehre erziehen zu wollen, es bedarf ununterbrochen auch der Zucht, ja selbst der Züchtigung[1], und zwar bei einer erfolgreichen Erziehung bis zu ihrem Ende.

Unberücksichtigt und nicht als eine besondere Aufgabe der Pädagogik hingestellt bleibt hier die physische Erziehung. Vincentius widmet überhaupt der Darstellung derselben kein besonderes Kapitel, aber ihrer Bedeutung für eine vollkommene Erziehung ist er sich wol bewusst. Er sagt ausdrücklich, dass die Erziehung mit der Beschaffenheit des Körpers zu rechnen habe[2] und bringt im Laufe der Entwicklung des Unterrichts und der Zucht manche interessante Bemerkungen über die Pflege des Leibes als der Basis für eine sichere Wirkung jener beiden. Es wird im Folgenden noch unsere Aufgabe sein, die hierauf bezüglichen Ansichten des Vincentius zu sammeln und in geordneter Weise mitzuteilen.

§ 6.

Eins der ersten Erfordernisse für alle die, welche mit der Erziehung betraut werden sollen, wird eine genaue Kenntnis von der Bedeutung der oben bestimmten Mittel sein. Aber es reicht dies noch nicht aus. Vincentius verlangt andererseits auch eine ganz bestimmte *Art und Weise*, in der er jene beiden Mittel angewendet wissen will (c. III.) und fordert, dass jeder Lehrer methodisch zu verfahren habe (ut habeat modum) und zwar nicht nur in den Worten, sondern auch in den Thaten, d. h. sowol im Unterrichte, als bei der Zucht. (Non solum in verbis sed etiam in factis c. III.) Hierbei muss er vor allem auf die Anlagen und die Fassungskraft der zu Unterrichtenden eingehen, und darf sich weder lässig (non negligens), noch anmassend (non arrogans) zeigen, namentlich das letztere nicht, weil der Stolz ihn stets dazu verleiten werde, die minderbegabten unter seinen Schülern zu verachten. Betreffs des Unterrichts aber muss er den Stoff, welcher zu lehren ist, selbst genau beherrschen.

Freilich ist dies Alles nur angedeutet, keinesfalls eingehend ausgeführt. Das Meiste in dem hierüber handelnden 3. Kapitel gehört in die specielle Erziehungslehre, zu deren Darstellung wir uns im Folgenden wenden.

Vincentius selbst geht, nachdem er die beiden Mittel der Erziehung aus dem Principe derselben festgestellt und eine kurze Anleitung zur Wahl eines geeigneten Lehrers gegeben hat, ohne besondere Markierung seiner Teile (vergl. die Kapitelüberschriften im 2. Teile unter B) zunächst zur Besprechung des Unterrichts über. Den Gang seiner Dar-

---

[1] Utraque autem eruditio, sive doctrinae et disciplinae, sive documentorum et morum opus habet et plerumque flagellis. c. I.

[2] Magni vero refert, quali in corpore locati sint (homines). c. IX.

stellung haben wir bereits Seite 10—11 angegeben. Ein besonderer und geordneter Plan innerhalb der Hauptteile derselben wird vermisst. Es ist zwar alles unter vorher aufgestellten und in scholastischer Weise bis in's Kleinste wieder zergliederten Gesichtspunkten entwickelt, aber diese Gesichtspunkte selbst sind in bunter Reihe aneinandergefügt. Nur das eine lässt sich überall deutlich und klar erkennen und giebt dem Ganzen dennoch eine gewisse Abrundung: das scharf bestimmte Endziel, auf welches alles hinausläuft.

B. Besonderer Teil.

1. Die physische Erziehung.

Wir haben bereits oben erwähnt, dass Vincentius die physische Erziehung nicht als einen besonderen, selbständigen Teil seiner Pädagogik behandelt. Dem ist noch hinzuzufügen, dass ganz unberücksichtigt bleibt die eigentliche »Bildung« des Leibes, wie sie von uns jetzt in der Gymnastik gepflegt wird. Vincentius weiss nichts von ihr. Alles, was er betreffs der physischen Erziehung lehrt, erstreckt sich fast ausschliesslich auf die *Pflege* des Leibes und nur zum geringen Teile auch auf die Bildung der Sinne und Sinnesorgane.

Ausdrücklich erklärt Vincentius, *dass sehr viel ankomme auf die Beschaffenheit des Körpers.* Denn vieles, was den Sinn schärfe, vieles, was ihn abstumpfe, habe seinen Grund im Körper[1]. Im Zustande des Körpers zeige sich die Beschaffenheit der Seele. (Habitus enim mentis cernitur in statu corporis. c. XXXVI.)

Von hier aus ergiebt sich ihm notwendig die Pflege des Körpers. Sie erheischt vor allem eine *Ordnung und Regelung der Arbeit und der Ruhe, insbesondere des Schlafes*[2]. Allzu angestrengtes Arbeiten zehrt die Körperkraft auf (nimia vexatio corpori nocet c. XVII.), man muss sich sehr hüten, dass Müdigkeit und Schlaflosigkeit nicht allzu gross werden; das, was nötig ist für den Körper, muss man ihm lassen. Der Schlaf soll ebenso seine Zeit haben wie die Arbeit, besonders darf man sich ihm nicht hingeben, so lange man die Speise noch nicht verdaut hat, weil nach damaliger Auffassung unverdaute Säfte dem Körper schaden. Auf der anderen Seite aber darf der Schlaf nicht allzu lange ausgedehnt werden, denn allzu anhaltendes Schlafen (somniculositas) erquickt nicht den Geist,

---

[1] Magni vero refert quali in corpore locati sint (homines). Nam multa e corpore existunt, quae mentem acuant, multa quae obtundant. c. IX.
[2] Sic itaque spatia studii et somni moderentur, ut nec tempore studio deputato somno indulgeatur, nec tempore somno debito lectioni vel studio insistat. c. XVII.

sondern drückt ihn nieder. — Ausserdem spricht Vincentius auch gegen ein zu weiches Lager als der Quelle der Verweichlichung, und nicht minder leider auch, aber aus Lächeln erregendem Bedenken, gegen das Bad. Er will es deshalb nicht, weil es das Blut erhitze, und hält es besonders für die Jungfrauen als ganz unstatthaft, weil sie erröten müssten, sich nackend zu sehen, oder wenn nicht, in Unkeuschheit verfallen würden.

Als weiter hier einschlagendes, nicht minder wichtiges und daher ebenso zu beobachtendes Moment betont er dann die *Mässigkeit in Speise und Trank.* Aber weit entfernt, das Bedürfnis der Ernährung etwa beschränken zu wollen, tadelt er vielmehr durchaus jede asketische Uebertreibung nach dieser Seite hin. Allzu strenges Fasten nennt er aus eigener Erfahrung eine unberechtigte Abschwächung der körperlichen Kräfte (quibus jejuniis statim corpora franguntur desiccata et aegrotare incipiunt). Man soll essen und trinken, so viel für die Erhaltung des Körpers nötig ist. Aber freilich auch nur so viel, als nötig ist, denn ein Uebermass in Speise und Trank, eine Uebersättigung mit Fleisch und Wein, sei die Pflanzschule der Begierden (seminarium libidinis) und führe zur Unkeuschheit, dem Uebel, welches Vincentius immer und immer wieder, und wohl mit dem allerbesten Rechte, als den Grund aller körperlichen Zerrüttung bezeichnet.

So verlangt Vincentius einen kräftigen und gesunden Körper als die entsprechende Wohnung für den zu erziehenden Geist. Es ist die Aufgabe der Pflege, den Körper zu einer solchen zu gestalten, und die Art und Weise, die ihr zur Erfüllung derselben vorgeschrieben wird, müssen wir, wenn sie auch hier und da mönchisches Gepräge nicht verleugnen kann, im Grossen und Ganzen als eine zutreffende und eingehende bezeichnen.

Nur mit wenigen Worten dagegen wird auch die Bildung der Sinne und Sinnesorgane verlangt. Vincentius beschränkt sich hier auf die blosse Forderung derselben und zwar besonders für Gesicht und Gehör (auditus et visus), da sie die notwendigsten Vermittler des geistigen Lebens seien. Wie er sich aber diese Bildung denkt, führt er nicht näher aus, wir lesen bei ihm nur die sehr oberflächliche Bemerkung: das Gehör soll durch Hören, das Gesicht durch Lesen geübt werden (auditus in audiendo, visus in legendo. c. V.).

2. Der Unterricht (doctrina).

§ 1.

Der Unterricht besteht nach Vincentius wesentlich darin, *dass der Lehrer sein eignes Wissen unter fortwährendem Hinblicke auf das Ziel der Erziehung dem Schüler übermittelt,* bis dieser sich selbst wissenschaftlich beschäftigen und schliesslich, wenn er vollkommen ist, selbst lehren kann (se exercere et docere. c. VII.). Die letztere Bestimmung führt freilich zu weit. Ein allgemeiner

Unterricht kann nie darauf bedacht sein, die Schüler sämmtlich zu Lehrern auszubilden; mit der ersteren aber betont Vincentius richtig und zutreffend, dass der Unterricht den Schüler vor allem zu eigenem Denken und zu selbständiger Geistesarbeit anleiten soll. Dabei stellt er als völlig verwerflich das Streben hin, zu lernen nur um des Wissens oder um der Ehre und des Gewinnes willen; alles Gelernte soll vielmehr in erster Linie dazu dienen, das Innere des Menschen seinem letzten Ziele entsprechend auszubilden. Ein jeder soll lernen, einmal um sich selbst und dann um andere zu »erbauen«, und zwar zu »erbauen in Glauben und Sitten«. (Ad aedificationem [fidei et morum] sui vel proximi debet studiosus quilibet tendere in quacunque studeat facultate. c. XV.).

Jeder Unterricht aber hat nun, sobald er sich dem Obigen gemäss gestaltet, auf ein. doppeltes sein Augenmerk zu richten: auf die *Form* und auf die *Materie*. Auch hierin trifft Vincentius im Grossen und Ganzen den Kern der Sache. In der Entwicklung des Unterrichts stellt er für beides seine Maximen und Forderungen auf, nur freilich wie allerwärts in seinem Werke ohne streng durchgeführte Sonderung beider und ohne eine genauere Feststellung und Ausführung seines Planes.

§ 2.

Das *Alter*, für welches des Vincentius· pädagogische Anweisungen zum *Unterrichte* berechnet sind, ist ein schon vorgerückteres. Die Kindheit bleibt völlig unberücksichtigt.

Das ergiebt sich am deutlichsten aus den in Kapitel 6 aufgestellten Bedingungen, unter denen am besten das Lernen gedeihen könne. Es wird für dasselbe vor allem *Demut* (mens humilis) gefordert, die kein Wissen und keine Schrift gering achtet und sich nicht schämt, von Jedermann zu lernen, ferner *Wissbegier* oder *Lerneifer*, »nach dem Vorbilde der alten Philosophen, die aus Liebe zur Wissenschaft Ehrenstellen und Reichtümer mit der Wüste vertauschten«; weiter ein *ruhiges Leben* nach Innen und Aussen; *stilles Forschen* (scrutinium tacitum) d. h. ernstes, gründliches Nachdenken; *Armut* (paupertas), weil ein durch Reichtum genährter fetter Bauch keinen feinen Sinn erzeugt; und endlich ein *fremdes Land* (terra aliena), weil der heimische Boden mit seinen Reizen von der Wissenschaft abzieht.

Vincentius stellt nun aber diese halb mönchisch asketischen Forderungen, welche übrigens sämmtlich aus Hugo v. St. Victor entlehnt sind, offenbar nicht sowol für jeden Unterricht, als vielmehr nur für das *Studium* der Wissenschaft auf; freilich auch hier zum grossen Teil ohne Berechtigung. Es scheint überhaupt, dass er sich verleiten liess, allzu sehr die *wissenschaftlichen Studien* und die eigene Weiterbildung ins Auge zu fassen, anstatt eine Anleitung für den allgemeinen Unterricht zu geben; und hierin ist seine Schrift das getreueste Spiegelbild der kirchlich-theologischen Erziehung jener Zeit, die nur auf eine Anleitung zum Studium einer berufsmässigen

Theologie und nicht auf eine allgemeine, für's Leben erforderliche Ausbildung bedacht war.

Der Unterricht selbst aber soll in seinem Verlaufe in *vierfacher Stufe* aufwärts gehen. Vincentius unterscheidet Anfänger (incipientes); Fortgeschrittene (proficientes); sich selbst Uebende (provecti) und Vollkommene (perfecti). — Auch diese Teilung ist selbstverständlich eine nur äusserliche und höchst unbestimmte zu nennen, aber es ist von Bedeutung, dass Vincentius einen *stufen- und naturgemässen* Unterricht fordert, der immer die Empfänglichkeit des Zöglings in Betracht ziehen soll. Ein jeder soll nur das lesen und lernen, was für sein Alter angemessen oder schicklich ist.[1])

§ 3.

Jede Teilnahme am Unterrichte bedingt vor allem *Unterwerfung unter den Lehrer* (discipuli subjectio). Diese Unterwerfung aber muss ihren Grund in der Liebe finden, Lehrer und Lernende müssen in die engste Verbindung zu einander treten, damit sie sich wechselseitig verstehen. Erst von hier aus ist es möglich, dass der Zögling den vollen Nutzen des Unterrichts erntet, und dass andererseits der Lehrer selbst mit vollem Nutzen im Unterrichte wirkt.

Zunächst die *formale Seite des Unterrichts.*

Der Lehrer hat auch hier von vorn herein mit gewissen Hindernissen zu rechnen, die vor allem in dem Mangel an Interesse und in dem Mangel an geordneter Auffassung der Lernenden (negligentia addiscendi, imprudentia ordinis et modi) bestehen. Das Dritte, was Vincentius noch anführt: die äussere Lage, sofern Armut oder Gebrechlichkeit oder Mangel an Büchern vorhanden sind (fortuna paupertatis vel infirmitatis ac defectus librorum), ist kein Hindernis, auf das der formale Unterricht Rücksicht zu nehmen hätte. Um jene ersten beiden aber zu beseitigen, muss er den Zögling nötigen und anleiten, seine Unterordnung unter den Lehrer in drei Stücken zu betätigen: in der *Aufmerksamkeit,* dem *Lerneifer* und der *Geneigtheit zum Behalten.* Dies geschieht durch die formellen Eigenschaften des Unterrichts, welche sich sämmtlich im Hinblicke auf jene drei Stücke gestalten müssen, da diese die unerlässliche Grundlage bilden für eine fruchtbringende Aneignung des Unterrichtsstoffes.

Wir werden diesem Teile der Schrift des Vincentius unsere Anerkennung nicht versagen dürfen, wenn auch freilich die Ausführung der oben aufgestellten Gesichtspunkte der wissenschaftlichen Gründlichkeit noch entbehrt.

Das Erste also, was der Unterricht zu verlangen und zu erzielen hat, ist die *Aufmerksamkeit* (audientis attentio). Der Schüler soll

---

[1]) Ad ordinem itaque disciplinae pertinet, ut unusquisque legat vel addiscat, quod aetati suae vel statui congruit. c. XI.

gern und mit Hingabe lernen. Alle Nachlässigkeit im Lernen muss zunächst durch Ermahnung beseitigt werden, und zwar durch Ermahnung zum Schweigen (taciturnitas), zur Demut (humilitas) und zur Prüfung dessen, was gelehrt wird (discretio). Das Schweigen zeigt sich in der Vermeidung jeder Unruhe des Körpers und der Augen; die Demut, jene immer und immer wieder von Vincentius mit Recht verlangte Grundlage für allen Unterricht, fordert stille Anerkennung dessen, was gelehrt wird: die Prüfung des vom Lehrer gebotenen Stoffes wehrt jedes Kleben an den Meinungen des Lehrers, jedes Schwören in verba magistri ab nach dem Ausspruche des Apostels: prüfet Alles und das Gute behaltet. Das Letztere gehört freilich ganz und gar nicht hierher, oder wenigstens nicht auf die Stufe eines ersten Unterrichts, und ungleich richtiger ist gewiss des Aristoteles Satz: πιστεύειν δεῖ τὸν μανθάνοντα! Ausserdem ist Vincentius hier nicht eingegangen auf diejenigen Bedingungen für das Erzielen und die Erhaltung der Aufmerksamkeit, welche *von Seiten des Lehrers* erfüllt werden müssen, wie er sich auch nicht einlässt auf den die Aufmerksamkeit beeinflussenden Unterschied der Lehrgegenstände selbst und auf die Verschiedenheit der Kraft, welche diese, um begriffen zu werden, erfordern.

Das Zweite ist der *Lerneifer* (docilitas). Der Schüler darf nicht blos eine äusserliche Aufmerksamkeit besitzen, sondern muss zuerst und vor allem den festen Vorsatz haben, auch wirklich zu lernen, damit aber dann auch ein gewisses Talent, die recta discendi habilitas, d. h. die Leichtigkeit und Kraft der Auffassung, verbinden, denn diese beiden Stücke bilden nach Vincenz das Wesen der docilitas. Die natürliche Anlage, als deren Hauptbestandteile ihm Verstand und Gedächtnis gelten (ingenium et memoria), ist überhaupt für den Unterricht von hervorragender Bedeutung. Verstand und Gedächtnis verlangen daher eine eingehende Pflege. Sie gehören aber beide so eng zusammen, dass das eine nichts nützt, wenn das andere fehlt. Der Verstand, sagt Vincentius, ist eine gewisse natürliche Kraft, die durch sich selbst wirkt, das Gedächtnis dagegen ist die Kraft, das, was in's Bereich der Sinne oder der Phantasie fällt, festzuhalten. Der Verstand findet, das Gedächtnis bewahrt die Weisheit [1].

Die Vorschläge nun, welche Vincentius im Laufe der Entwicklung dieser Begriffe für die Bildung der Einsicht des Zöglings bringt, sind sehr eingehende und umfassende. Es hängt nach ihm zumeist vom Unterrichte selbst ab, ob der Schüler wirklich das Ziel zu erreichen vermag. Der Schüler seinerseits muss sich, sofern er Talent besitzt, immer an den Sinn dessen halten, was gelehrt wird, nicht an das blosse Gerüst, den blosen Klang der Worte (secundam est ut sensui

---

[1] Ad naturam pertinent ingenium et memoria, quae duo ita cohaerent, ut unum non prosit si alterum desit. Est autem memoria vis retentiva eorum, quae sensibus supposita fuerint, vel etiam imaginibus. Ingenium est vis quaedam naturaliter animo insita per se valens. Ingenium sapientiam invenit, memoria custodit (c. V.).

loquentis magis quam superficiei verborum adhaereat. c. IX), denn nichts ist schädlicher als zu lesen und zu lernen ohne zu verstehen. Möglich aber wird das andererseits wieder nur bei einer *ganz bestimmten Beschaffenheit des Unterrichts* und um diese, wie sie unter allen Umständen verlangt werden muss, genau zu bestimmen, wendet sich Vincentius im Folgenden vom Lernenden zum *Lehrenden,* an den er in erster Linie die Forderung der *Klarheit*[1]) und *Bestimmtheit* stellt (zu vermeiden seien obscuritas und ambiguitas). Der Sinn muss überall leicht erkennbar und leicht verständlich sein. Es muss immer eins aus dem anderen und in logischer Ordnung eins auf das andere folgen. Die Darstellung aber darf sich nur solcher Ausdrücke bedienen, welche den Lernenden fassbar sind, und um recht klar zu werden, ist es von grossem Nutzen, möglichst viele Beispiele einzuflechten, eine Regel, von welcher der Verfasser im Tractat selber freilich sehr wenig Gebrauch macht. Alle Unbeholfenheit (incongruitas) im Ausdrucke ist zu vermeiden. Derselbe muss *kurz* sein, weil durch eine zu grosse Breite die Aufmerksamkeit erlahmt (nimia prolixitas onerat sensus legentium. c III.); doch auch nicht zu kurz, denn allzu grosse Kürze hemmt den Eifer, (immoderata brevitas perscindit studiosorum desiderium. c. III.). Ausserdem gereicht auch eine allzu schlichte oder gar plumpe Form (rustica simplicitas) nicht zum Vorteil. *Annehmlichkeit* und ein gewisser schmeichelnder Reiz der Rede (locutionis suavitas utilis, ut delectatione quadam auditores demulceat. c. III.) sind stets von Nutzen: mit einem Worte, der Lehrvortrag muss in jeder Beziehung *vollendet* sein, auch darin, dass er stets die rechte Mitte zwischen Schnelligkeit und Langsamkeit einhält. Versteht der Schüler aber dennoch das oder jenes nicht, so soll sich der Lehrer zur näheren Aufklärung bereit zeigen, d. h. aller Unterricht muss auch *gründlich* sein.

Endlich, um wieder zu den Anforderungen an den *Lernenden* zurückzukehren, das Dritte, was der Unterricht pflegen und ausbilden soll, ist *das Behalten* des beim Lernen Begriffenen (benivolentia, quae est ad retinendum. c. X.). Hier ist der erste Faktor das *Gedächtnis,* das schon oben einmal erwähnt wurde, der andere *die Ausdauer.* Der Schüler muss alles, was er gehört hat, noch einmal in der Kürze, d. h. nur dem Sinne und der Hauptsache nach zusammenfassen (ut audita breviter in memoria colligat. c. X.), und dann im Gedächtnisse bewahren. Dabei thut die *Uebung* viel, die den Stoff noch einmal überschaut und noch einmal durcharbeitet (multum enim ad memoriam proficit exercitatio, quae fit ea audita sunt sibimet recolendo ac ruminando c. X.). Uebung und Gewöhnung nennt Vincentius die Lehrer aller Dinge. Alles hastige Eilen und blose Durchjagen (raptim transcurrendo legunt. c. XIV), ohne dabei auch für's Gedächtnis etwas zu behalten, verwirft er, und auch davor soll man sich hüten, vielerlei auf einmal zu treiben, weil auf diese Weise Verwirrung

---

[1]) Claritas quidem ut apte proferantur, ita ut ab omnibus intelligantur. c. III.

eintrete, die jeden Fortschritt unmöglich mache. *Eins ist immer zu lernen, das aber gründlich* (c. XIII). — Und dieses Lernen nun muss mit *Ausdauer* geschehen. Man darf nicht, sobald man etwa auf Schwierigkeiten stösst, träge und nachlässig werden. In diesem Falle ist jeder Erfolg verloren.

So hat Vincentius, wenn er auch die einzelnen Begriffe und Forderungen (namentlich die an den Lehrer und die an den Schüler gestellten) nicht scharf genug sondert, doch zum Teil in treffender Weise gezeigt, worauf der Unterricht nach seiner formalen Seite bedacht sein müsse. Nur wenn sich derselbe in den oben gezeichneten Bahnen bewegt, hat er Erfolg, sofern er nur auf diese Weise den materialen Kern klar zur Erkenntnis zu bringen vermag, wie er in den einzelnen Unterrichtsfächern bestimmte Gestalt gewinnt.

Zur Betrachtung und Behandlung dieser verschiedenen Unterrichtsfächer wendet sich nun Vincentius in den folgenden Kapiteln, wo er über die »Ordnung« des Unterrichts (de ordine scholasticae disciplinae. c. XII) spricht und dabei sowol die Unterrichtsfächer selbst als die Mittel, sich dieselben anzueignen, behandelt (c. XII. ff.). Ehe wir jedoch zu dem einzelnen gehen, wollen wir vorher noch in der Kürze das Wesen der materialen Bildung nach der Auffassung des Vincentius überhaupt zu zeigen versuchen, weil durch dasselbe die Unterrichtsfächer selbst erst bestimmt werden.

§ 4.

Bei Weitem weniger als vorher können wir dem Vincentius hier zustimmen. Es macht sich bei dieser Frage sein mönchisch-theologischer Standpunkt mehr geltend als irgend anderswo. Nichts wissend von dem Werte klassischer und humanistischer Bildung scheidet Vincentius alles nicht biblische oder nicht kirchenhistorische Material aus dem Unterrichtsstoffe aus, oder will es doch nur mit ganz besonderer Vorsicht benutzt wissen; und so wird er von hier aus oft zu seltsamen Bedenklichkeiten geführt.

Grund und Ziel aller Erziehung ist bei Vincentius ausschliesslich die *religiöse Bildung.* Daher soll auch alles, was sich nicht irgendwie auf diese bezieht, vom Unterrichte ausgeschlossen werden. Der Unterricht steht im Dienste der Erziehung und ist als das eine ihrer beiden Mittel berufen, deren *Absicht* zur Verwirklichung bringen zu helfen. Diese Absicht ist aber nach dem oben Gezeigten keine andere als die, den Menschen nur für seinen *himmlischen* Beruf[1]) auszubilden und ihn zum Ebenbilde Gottes zu gestalten.

Das erreicht der Unterricht, indem er den Zögling zunächst einführt in die Wissenschaft. Denn aus der Wissenschaft erwächst die *Weisheit,* die wie nichts anderes zur Wiederherstellung des göttlichen

---

[1]) Verum nullus potest veraciter informari vel reformari nisi custodiendo et implendo mandata dei. c. XXXVI.

Ebenbildes im Menschen die Hand bietet, sofern sie die fleischlichen Laster ausrottet und der Seele durch Ermutigung und Trost in Trübsal Frieden und Ruhe giebt. Nur muss aber ein jeder dessen sich immer bewusst sein, dass im eigentlichen Sinne nicht jedes einzelne Wissen auch Weisheit sei, sondern dass die *einzelnen* Wissenschaftszweige nur die Mittel sind, zur Weisheit zu gelangen. Denn die Wissenschaft selbst ist, wie er Kap. XV. mit den Worten des Boëtius sagt, nichts anderes als die *Zusammenfassung* der Ursachen für das Sein eines Dinges, und erst die aus einer solchen Erkenntnis hervorgehende Gesinnungs- und Handlungsweise verdient den Namen Weisheit (scientia dici solet sapientia, si bonis usibus accomodata est). Vincentius fordert also, und zwar mit Recht, eine Einheit im Unterrichte und will alle Zweige desselben auf ein gemeinsames Ziel bezogen wissen[1]).

Dieses Ziel aber liegt allein in der *Theologie* oder der *Wissenschaft von Gott* (omne discentium studium debet ad theologiam i. e. divinam tendere scientiam. c. XV). Denn wie Gott die Ursache und das Ziel aller Dinge ist, so ist die Theologie als die »Kenntnis Gottes« allein die wahre Philosophie und das Ziel aller Künste (finis est ejus dei cognitio. c. XV). Jede Kunst und Kenntnis muss daher dieser göttlichen Wissenschaft dienen, und ihr eigenes Ziel muss in der Unterordnung unter dieselbe bestimmt werden. Alle Künste und Kenntnisse sind nur um ihretwillen da und sind in der Theologie zusammenzufassen[2]).

§ 5.

Von hier aus gelangt Vincentius nach scholastischer Entwicklungsart zu den einzelnen Lehrgegenständen. Für jene Erkenntnis Gottes nämlich hat die Theologie nur eine untrügliche Quelle, und diese ist die heilige Schrift. Will man daher zum Ziele der Wissenschaft gelangen, so wird es die vorzüglichste Aufgabe sein, die Schrift zu erforschen und auszulegen. Dabei hat man sein Augenmerk zu richten einmal auf die *Worte* und zum andern auf die *Sachen,* denn beide haben in der heiligen Schrift ihre besondere Bedeutung[3]). Wortkenntnis und Sachkenntnis sind daher die beiden leitenden Momente im Unterrichte.

---

[1]) Omnes doctrinae tendere debent ad perceptionem sapientiae, tamquam ejus pedissequae. c. XII. — Hier und öfter unterscheidet Vincentius doctrinae als die einzelnen Zweige der Wissenschaft, sapientia als die Vereinigung derselben.

[2]) Nam omnis ars vel doctrina divinae scientiae debet famulari et ad illam tamquam ad finem suum referri vel ordinari. Sicut enim deus est finis omnium rerum, sic et theologia scientia, quae est de divinis, est finis omnium artium. Ipsa est sola philosophia solaque veri nominis sapientia. c. XV.

[3]) Valde excellentior est divina scriptura scientia saeculari, quia in ea non solum voces, sed et res significativae sunt. Sicut igitur in eo sensu, qui est inter voces et res facta vel facienda, mystica versatur, necessaria est cognitio rerum. c. XV.

Zur *Wortkenntnis*[1]) gehört die Kenntnis der Formen des Ausdrucks, und sie zu lehren ist Sache der *Grammatik,* und es gehört dazu das Verständnis ihres logischen Gehaltes (der significatio), womit sich die *Dialektik* zu beschäftigen hat. Auf beide gründet sich die *Rhetorik.* Die *Sachkenntnis*[2]) fordert Kenntnis der *Form* und des *Wesens.* »Die Form geht nach aussen, das Wesen nach innen. Für die Form kann dabei bestimmend sein entweder die Zahl, und damit hat es die *Arithmetik* zu thun, oder das Verhältnis, welches Sache der *Musik* ist, oder die Lage, mit der sich die *Geometrie* beschäftigt, oder die Bewegung, welche der *Astronomie* zufällt. Auf das Innere der Dinge gerichtet ist die *Physik.*« Alle diese einzelnen Disciplinen aber müssen so geordnet sein, dass sie stufenweise aufwärts führen zur Erkenntnis Gottes, sie sind sämmtlich nur Dienerinnen der Theologie[3]).

Vincentius führt ausser dieser noch einige andere, aber nicht so geordnete und logisch entwickelte Einteilungen der Unterrichtsgegenstände an, die aber doch alle im Wesentlichen auf die oben ausgeführte hinauskommen. Zuerst eine in Kap. XI. nach Alphorabi (sonst Alfarabius). Dort unterscheidet er folgende Unterrichtsobjekte: das erste ist die *Kenntnis der Sprache,* d. h. die Kenntnis der Namen, welche den Dingen nach ihrer Substanz und ihrem Accidens beigelegt sind. Das Zweite ist die *Grammatik,* welche die Namen, die den Dingen beigelegt sind, ordnet und zu zusammenhängender Rede gestaltet. Das Dritte ist die *Logik,* welche ausgesagte Behauptungen nach den logischen Figuren ordnet und so Schlüsse bildet, durch die man zur Erkenntnis des Gesagten gelangt und in den Stand gesetzt wird, über dasselbe zu urteilen; das Vierte ist die *Poetik,* d. h. die Kunst, Versmaasse in die Zahl der Versfüsse zu ordnen. Dem ist dann noch anzufügen die *theoretische Sittenlehre,* die *Naturwissenschaft, das Wissen von Gott und göttlichen Dingen,* und endlich *von bürgerlichen Dingen*[4]). Hier ist freilich die obige logisch-scholastische Entwicklung aus einem Principe zu vermissen, und ausserdem ist nicht klar, was z. B. unter den bürgerlichen Dingen zu verstehen sei, nicht klar, wie die Naturwissenschaft zur Sittenlehre, diese zur Erkenntnis Gottes fortführen soll u. dergl. —

---

[1]) Cognitio vocum in duobus consistit: in pronunciatione, ad quam solam pertinet grammatica, et significatione, ad quam solam dialectica. Ad pronunciationem simul et significationem pertinet rhetorica. c. XV.

[2]) Cognitio rerum consistit in forma et natura. Forma est in exteriorum dispositione, natura in interiori qualitate. Omnis autem dispositio sive in numero est, ad quam pertinet arithmetica, vel in proportione, ad quam musica, vel in situ, ad quam geometria, vel in motu, ad quam astronomia. Ad interiorem vero qualitatem spectat physica. c. XV.

[3]) Omnes igitur artes subserviunt divinae sapientiae, et inferior scientia recte ordinata ad superiorem conducit. c. XV.

[4]) cf. c. XI.

Interessanter und einheitlicher ist die andere Einteilung nach Rich. v. St. Victor: 1. *Beredsamkeit und um ihretwillen die Logik,* wobei die Logik sich teilt in Grammatik und Dialektik, 2. *die Ethik,* um die Seele zu bilden und endlich 3. die *speculalative Wissenschaft* (theorica scientia).

Jede dieser verschiedenen Einteilungen lässt den Unterricht ausgehen von der *Grammatik,* als dem Fundamente, auf dem sich nach und nach alles Wissen aufbaut (itaque scientiarum omnium grammatica est fundamentum. c. XI), bis es in der Theologie, als der Quelle der Erkenntnis Gottes, sein Ziel findet. Mit einem Worte: *alle Wissenschaft wird getrieben um der Theologie willen.* Vincentius steht hier noch völlig auf dem Standpunkte, wie er sich schon im Beginn des Mittelalters geltend machte. Es sind das Trivium und Quadrivium, durch die der Zögling hindurchgeführt werden muss, wenn er zur sapientia gelangen will. Alle historischen und humanistischen Elemente sind im Unterrichte ausgeschlossen, oder doch nur so weit geltend, als sie zur Erlangung der kirchlichen Wissenschaft etwas mit beitragen.

Vincentius verwirft also nicht gerade in jedem Falle die Beschäftigung mit »heidnischen« Büchern, aber er will ihr Studium nur für die zulassen, welche sich bereits aus den heiligen Schriften eine bestimmte und feste Lebensregel angeeignet haben und die erkannte Wahrheit dann durch jene zu stützen und zu begründen suchen, ohne dass sie nun noch Gefahr laufen, sich dabei in falsche Meinungen zu verirren. Denn dass die Wahrheit der göttlichen Offenbarung ihren Beweis auch in heidnischen Schriften finden könne, leugnet er nicht; vieles in ihnen stimme ja sogar mit der christlichen Glaubenslehre überein und sei dann das stärkste Zeugnis, weil es vom Feinde komme. Aber mit lächerlicher Bedenklichkeit fügt er hinzu, es sei das sicher mehr ein böser Geist, der da in jenen walte, denn auch böse Geister haben oft etwas Wahres gesagt. Daher gleichen ihm ebenso wie dem Hugo v. St. Victor die Schriften der Weltweisen immerhin einer übertünchten Wand (quasi lucens paries dealbatus), unter der Falsches sich birgt; die reine Wahrheit ist enthalten allein in der heiligen Schrift und den auf ihr fussenden Schriften: den Decretalen der Päpste, den Canones der Concilien und den Schriften der rechtgläubigen Lehrer. Ja so weit geht er, dass er es verwirft, die Knaben aus Profanschriftstellern über die Poetik oder Verskunst zu unterrichten. Die von ihm hierfür vorgeschlagenen, dem Unterrichte zu Grunde zu legenden Bücher sind Dichtungen und poetische Bearbeitungen biblischer Schriften von Prudentius, Sedulius, Juvencus und anderer zum Teil wenig bekannter Autoren [1]. Nur eine Kategorie

---

[1] Libri *Juvenci* presbyteri de historia quattuor evangeliorum. -- Liber *Aratoris* de actibus apostolorum. — Liber etiam epigrammaticum *Prosperi,* religiosissimi viri. — Liber de conflictu vitiorum atque virtutum *Prudentii.* — Carmen paschale *Sedulii.* — Liber *Mathei* de sancto Tobia. — Biblia quae a *Petro Riga* versificata. c. V,

von Schriften lässt er für den Unterricht noch zu; es sind diejenigen, welche sich mit den sieben freien Künsten beschäftigen, die das Fundament der gesammten damaligen Bildung ausmachen; alle ausser ihnen liegenden bieten nur Stoff ohne Frucht. Mit keinem Schritte tritt Vincentius hier über den Standpunkt seiner Zeit hinaus. Es sind die alten Fesseln kirchlicher Doctrin, in die seine pädagogischen Anschauungen geschlagen sind. Ein klassisches Studium erkennt er nicht an, ja er verurteilt es als verderblich. Ausserdem erfahren wir nichts über die Art und Weise, wie die Unterrichtsfächer zu handhaben sind, sie werden einfach nur angegeben.

§ 6.

Als *Mittel* endlich, diesen Unterrichtsstoff nun auch wirklich und vollständig zu verarbeiten, stellt Vincentius hin: das *Lesen*, das *Nachdenken*, das *Schreiben* und das *Disputieren*, d. h. Fragen und Antworten (debet perfectus . . . . semet ipsum paulatim exercere, scilicet legendo, meditando, scribendo, disputando id est interrogando vel respondendo. c. XIV). Er behandelt diese Mittel nicht als Dinge, die in den Organismus des Gesammtunterrichts einzugliedern wären, sondern nur als eine Art Methode zur Selbst-Aneignung des Gelernten, deren Kenntnis er einfach voraussetzt. Vincentius denkt dabei nur an die bereits Fortgeschrittenen oder Fertigen, die in der Kenntnis der Schriften schon bis zu einem gewissen Grade geübt sind (circa scripturarum intelligentiam aliquatenus exercitati).

Auf der *untersten Stufe* des Unterrichts soll der Zögling nur *hören* (ad incipientes pertinet a magistris audire. c. XIV). Die Fortgeschrittenen sollen sich selbst weiterbilden durch *Lesen*, bei dem aber einmal die in der Materie selbst gegebene und bestimmte *Ordnung* (ordo attenditur secundum materiam) einzuhalten ist, die nichts vorausnimmt, was noch nicht verstanden wird, so dass also Werke über Dialektik nicht vor denen, welche über Grammatik handeln, gelesen werden dürfen, und dann ebenso die bestimmte *Methode*, welche vom Allgemeinen zum Besonderen herabsteigt und so das Wesen des Inhalts zu erforschen sucht (modus legendi constat in dividendo, ut cum ab universalibus ad particularia descenditur, sic paulatim eorum quae continentur natura investigetur. c. XIV). Ueber das Gelesene soll man dann nachdenken. Das *Nachdenken* ist ein häufiges Denken mit bestimmter Absicht, welches Ursache, Ursprung, Maass und Nutzen irgend einer Sache klug ergründet (meditatio est frequens cogitatio cum consilio, quae causam et originem ac modum et utilitatem cujusque rei prudenter investigat. c. XVII). Der Ausgangspunkt desselben ist das Lesen, und wenn daher das Lesen den Anfang dieses Selbstunterrichtes bildet, so das Nachdenken die Vollendung; denn während das Lesen den Stoff darreicht zur Erkenntnis der Wahrheit, so verarbeitet das Nachdenken diesen Stoff (principium doctrinae est in lectione, consummatio in meditatione.

c. XVII. — Lectio quidem materiam ad veritatem cognoscendam ministrat, meditatio vero coaptat. c. XVII). — Mit dem Lesen und Nachdenken aber ist das Schreiben d. h. die *Stilfertigkeit* zu verbinden, durch die sich die Gebildeten von den Ungebildeten unterscheiden (scribendi vero ratio ab imperitis nos sequestrat). Was der Lernende gelesen, das soll ihm die schriftliche Abfassung in Fleisch und Blut verwandeln (ut quidquid lectione collectum est, stilus redigat in corpus. c. XVIII). Er soll fremde Produkte verbessern oder abschreiben, excerpieren oder auch übersetzen und interpretieren, überhaupt niemals etwas lesen, ohne zugleich das, was gut ist, zu notieren. Schreitet er aber etwa zur selbständigen Abfassung von Schriften, die nicht nur dem Selbststudium dienen, sondern der Oeffentlichkeit übergeben werden sollen, wie Abhandlungen, Commentare und Summen, dann soll er dafür Sorge tragen, dass sie Reife besitzen (maturitatem) und nicht Produkt einer voreiligen Schreibsucht sind; ferner Wahrheit (veritatem), d. h. die getreue Wiedergabe der Gedanken; und endlich Kürze (brevitatem), das beste Zeichen einer wirklichen Fertigkeit. Damit ist aber über die Grenze des eigentlichen Unterrichts hinausgegangen. Das kann nur für Gereiftere gelten. — Das letzte Mittel endlich ist das *Disputieren*, d. h. die Wechselweise in Frage und Antwort, von der Augustin sagt, dass sie der beste Weg sei, um zu Klarheit und Wahrheit zu gelangen (veritas melius quaeri non potest quam interrogando vel respondendo. c. XX). Dabei soll die *Frage* nicht zweideutig und spitzfindig sein und ebenso nicht auf Unwahrscheinliches und Unnützes sich richten, die *Antwort* aber soll nur das Nötige enthalten und dies fest verteidigen (c. XXII). Beim Disputieren darf man immer nur ausgehen auf Erforschen der Wahrheit, oder auf Uebung, oder auch auf Befestigung des Glaubens. Es muss dies in bestimmter Ordnung geschehen, mit genauer Kenntnis der Grundlage dessen, worüber man disputiert, und ausgehend von einem bestimmten Grunde, am sichersten immer vom festen Glauben. Wer dies vermag, der ist vollkommen und berechtigt, nun selbst zu lehren (ad perfectos pertinet docere). — Unterricht in unserem Sinne ist das freilich nicht mehr.

Dies des Vincentius Lehre über die Mittel, sich das im Unterrichte Gebotene anzueignen. Der Lehrer hat mit ihnen nach der obigen Darstellung eigentlich nichts zu thun, sie sind ganz Sache des Lernenden, bei dem sie einfach als vorhanden vorausgesetzt werden. In der Auffassung derselben und vor allem auch in ihrer Zusammenstellung werden wir dem Vincentius kaum beistimmen können, in ihrer näheren Ausführung und Darlegung aber findet sich auch hier mancher beachtenswerte Satz.

3. Die Zucht. (Disciplina.)

§ 1.

Der Abschnitt über die Zucht im Werke des Vincentius wird für uns noch von grösserem Interesse sein als seine Darstellung des Unterrichts. In der letzteren machte sich, wie wir hinreichend gesehen, sein kirchlich-scholastischer Standpunkt noch allzu sehr geltend, als dass er zu einem weiteren Blicke im Unterrichtswesen hätte gelangen können; es ist dies anders bei der Behandlung der Zucht. Denn wenngleich auch hier noch Grundsätze sich finden, die wir heutzutage einfach mit dem Prädikate »mittelalterlich« bezeichnen werden, so ist seine Anschauung über die meisten einschlagenden Dinge doch derart, dass sie mit den unseren im vollsten Einklange stehen. Das Ganze ist freilich nicht so einheitlich und aus einem so bestimmten Principe entwickelt, wie die Anschauungen über den Unterricht, es ist mehr nur eine Aneinanderreihung einzelner trefflicher Ratschläge, denen aber der psychologische Unterbau fehlt. Bei der Darstellung derselben halten wir uns auch hier an die Anordnung des Vincentius selbst.

§ 2.

Zunächst beschäftigt sich Vincentius mit einer Betrachtung über die *Zucht im Allgemeinen.* Die Zucht ist ihm die *planmässige* Bildung zu Sitte und Sittlichkeit, oder wie er sich wörtlich ausdrückt, die ordinata morum correctio (c. XXIII), die ihr erstes Absehen darauf richten soll, die sinnlichen Neigungen und Ausbrüche, die immer von Neuem die Verwirklichung des im Menschen gepflanzten göttlichen Ebenbildes gefährden, schon in ihren frühen Anfängen einzudämmen und zu unterdrücken. Knaben wie Mädchen, und sogar noch Jünglinge und Jungfrauen müssen in gleicher Weise unter die Zucht gestellt sein[1]), nur unterscheidet sich diese im Jünglings- und Jungfrauenalter von der in der Kindheit dadurch, dass sie mehr zur Beratung, Leitung und ermahnenden Zurechtweisung wird und das Moment des Zwanges zurücktreten lässt. Im Vordergrunde muss bei der Zucht immer die Person des Erziehers selbst stehen, um den Zöglingen für ihren sittlichen Wandel als Vorbild zu dienen. Leben und Lehre müssen bei ihm im vollsten Einklange stehen, und dieser Einklang darf zu keiner Zeit gestört werden[2]).

Feinen pädagogischen Takt zeigt nun Vincentius in seinen Gedanken über die *Ausübung der Zucht.* Es fehlt allerdings auch hier die durchgreifende psychologische Begründung der Anschauungen,

---

[1]) Idem quoque agendum est in aetate tenera de puellis, videlicet instruantur in moribus et consuetudinibus bonis. c. XLIII.

[2]) Maxime hoc est officium et iudicium sapientiae, ut verbis opera concordent, et ipse homo sibi par idemque sit ubique. c. XXIII.

die Anschauungen selbst aber, soweit wir sie vor uns haben, werden unserer Zustimmung gewiss sein können. Mit *Nachdruck* und *Strenge* soll die Zucht vom zarten Kindheitsalter an (aetas tenera) gehandhabt werden, in welchem sich nach den Gesetzen der Natur der Mensch, gleichwie das dort am leichtesten zähmbare Tier, am willigsten in vorgeschriebene Schranken fügt [1]). Allzu grosse Nachsicht und weichliche Erziehung zerstört alle Spannkraft des Geistes und Körpers und entfesselt das ohnehin zu Ausschreitungen geneigte jugendliche Alter nur noch mehr [2]). Freilich darf diese Strenge nicht über das Maass ausgedehnt werden, es muss sich mit ihr auch die *Milde* (mansuetudo) verbinden, denn allzu grosse Strenge stösst zurück und entfremdet, während Freundlichkeit leicht die Herzen gewinnt. Ein überlegtes Maasshalten aber in beiden (modus vel mensura c. XXVI.) wird allezeit die rechte Verbindung von Strenge und Milde ermöglichen.

Auf diesen Grundlagen ruhen nun auch des Vincentius Ansichten über die *Mittel der Zucht*, die je nach dem Falle und der inneren Beschaffenheit des Zöglings von einer blosen *Leitung* (c. XXV) fortschreiten sollen bis zur *Strafe*. Die Leitung beschränkt sich auf Ermahnungen (admonitiones) und Zurechtweisungen (correctiones), die Strafe dagegen steigt von der Rüge (increpationes) zur Drohung (comminationes) auf und schliesslich zur körperlichen Züchtigung (virgae et ferulae). Den Zurechtweisungen misst er aber mit richtigem Blicke mehr Wert bei als den Schlägen (c. XXV), vertritt jedoch energisch auch das Recht der letzteren überall, wo sich das kindliche Gemüt durch Worte allein nicht leiten lässt. Die Quelle aller Strafe aber soll nicht im Zorn oder etwas Aehnlichem liegen, sondern nur im Mitleid oder in der Liebe (correptio debet procedere ex misericordia sive charitatis zelo. c. XXVI), der Erzieher muss strafen, um seinen Zögling zu bessern und um dadurch zugleich auch andere abzuhalten, in gleiche Fehler zu verfallen, und er muss deshalb auch den Zorn (furor), der ihn etwa überkommt, immer lieber erst verrauchen lassen, ehe er die Strafe verhängt, um ja nicht durch Heftigkeit nur zu erbittern. Klar und bestimmt hat also Vincentius hier den heute noch giltigen Satz ausgesprochen, dass alle Strafe des Erziehers in erster Linie nicht eine Sühne, sondern ein Mittel zur Besserung sein soll.

Befremdlich könnte vielleicht noch die Forderung erscheinen, über eine verborgene Sünde auch eine verborgene Strafe zu verhängen (c. XXVI), und nur gegen ein öffentliches Vergehen öffentlich einzuschreiten; für gewisse Fälle jedoch ist auch diese Ansicht unleugbar pädagogisch berechtigt.

---

[1]) Austeritas igitur vel asperitas esse debet in disciplina. c. XXVI.
[2]) Nam illa, quam indulgentiam vocamus, educatio mollis nervos omnes frangit mentis et corporis. (c. XXIII aus Quintilian).

3

§ 3.

Das bisher Entwickelte zeigt dem Erzieher, wie er die Zucht . handhaben muss. Alles ist vorwiegend negativer Art, sofern es nur dazu dienen soll, vom Bösen abzuhalten. Es ist noch keine Rücksicht genommen auf den endgiltigen Zweck der Zucht, eine dauernde Begründung der Sittlichkeit zu sein. Diese positive Seite derselben, welche den Zöglingen »die guten Sitten zur Gewohnheit machen soll«, entwickeln die folgenden Kapitel.

Wohl erkennt hier Vincentius, dass es vor allem auf die *Bildung des Willens* ankomme, und dass in diesem die *bestimmende Macht für das Thun und Lassen* des Menschen liege. Der psychologische Aufbau fehlt aber auch hier seiner Darstellung. Wesentlich von drei Stücken macht er die *Begründung eines sittlichen Willens und Wandels* abhängig, und zwar 1. vom Gehorsam (oboedientia finalis); 2. von der Beobachtung einer gesitteten Haltung (compositio moralis) und 3. vom gesellschaftlichen Verkehre (conversatio socialis).

Der *Wille* des Knaben ist flüchtig und unbeständig (puerorum voluntas est volatilis et vaga), die Aufgabe der Zucht daher, ihn zur Festigkeit und Beständigkeit im Rechten zu führen. Das aber wird nur dadurch möglich, dass sie ihn gehorsam macht, denn nur durch den Gehorsam ist der Wille des Zöglings zu lenken.

Der *Gehorsam*[1]) ist nach der Definition des Vincentius, die freilich nicht eigentlich auf den Gehorsam des noch unmündigen Zöglings passt, eine freiwillige und vernünftige Aufopferung des *eigenen* Willens, der sich unter den gerechten Befehl eines anderen beugt[2]), nicht in knechtischer und gebundener Weise, sondern freiwillig und freudig, aber auch rückhaltlos und schnell, mutig und demütig und allezeit beharrlich (c. XXX).

Das hat nun zuerst seine Geltung in Bezug auf den Willen Gottes. Seit jenem ersten Ungehorsam des Menschen ist diesem die Eigenwilligkeit angeboren, und infolge derselben ist er von Jugend auf zum Bösen geneigt. Der Mensch dachte durch jene Geringachtung des göttlichen Willens frei zu werden, ist aber im Gegenteil durch dieselbe nur in die Knechtschaft hineingeraten (omnis enim voluntas hominis ab adolescentia prona est in malum, quoniam ab illa primae praevaricationis angustia innatus est homini amor propriae voluntatis, quae voluntatem creatoris relinquens ibi subjecta est servituti, ubi voluit dominari. c. XXX). Die Fessel aber, welche ihn knechtet, ist eben die Neigung zur Unsittlichkeit, denn sie beherrscht ihn von Jugend auf und verdirbt sein ganzes Wesen. Soll nun ein »guter Wandel« erzielt werden, so sind vor allem jene Fesseln zu brechen. Das aber lässt sich nur erreichen durch die Unterordnung unter den

---

[1]) Oboedientia dicitur esse spontaneum et rationale sacrificium voluntatis propriae. c. XXVIII, oder: oboedientia est pio jussu studio propriae voluntatis abnegatio et voluntaria recusatio. c. XXVIII.

[2]) Oboedientia est animi deliberati justae jussionis effectus. c. XXIX.

— 35 —

Willen Gottes im Gehorsam (verum nullus potest veraciter informari
vel reformari nisi custodiendo et implendo mandata dei. c. XXXVI);
denn *der Gehorsam reinigt von den Begierden des eigenen Willens*
(oboedientia a libidine propriae voluntatis castificat. c. XXVIII). .
Von hier aus ist nun natürlich der Gehorsam auch anderen noch
zu leisten, den Vorgesetzten, Mächtigen, Obrigkeiten und Eltern, doch
immer nur so weit, als ihre Befehle mit denen Gottes übereinstimmen
(si praecipiat homo quicunque contrarium deo, nullatenus oboediendum
est ei. c. XXIX). Ist aber der Mensch bis zu solchem Gehorsam
gelangt, dann werden mit demselben der Seele zugleich auch alle
übrigen Tugenden eingepflanzt und durch ihn selbst bewahrt und
behütet.

Diese durch die Brechung und die Unterordnung des eigenen
Willens unter den Willen Gottes erworbenen Tugenden nun begründen
das, was Vincentius compositio moralis, also die sittliche Fassung,
das sittliche Streben, die *sittliche Haltung* nennt. Dieser Zug ist
nach einer doppelten Seite hin im Zöglinge auszubilden: einmal in
Rücksicht auf Gott und dann in Rücksicht auf den Nächsten, und
daraus ergiebt sich denn hier auch eine doppelte Seite der Zucht:
eine *innere* (disciplina interior ad se ipsum. c. XXX), welche den
Zögling für sich behandelt, und eine *äussere,* die sein Verhältnis
zum Nächsten zum Gegenstande ihrer Beschäftigung macht (disciplina
exterior ad proximum). Der Zögling ist also einmal in seiner Individualität an sich und dann in seiner Beziehung nach aussen gefasst
und behandelt.

Die *innere Zucht* richtet sich demgemäss speciell auf die innere
Heranbildung des Zöglings zu dem göttlichen Ebenbilde[1], und sie
erreicht dies dadurch, dass sie ein dem im Unterrichte zu erzielenden
Wissen entsprechendes Handeln anstrebt, indem sie die beim Zöglinge sich zeigenden Begierden bricht. Weniger berücksichtigt ist
hier allerdings die erste Kindheit als vielmehr nur das spätere und
vor allem das Jünglings- und Jungfrauenalter. Der Knabe, zumeist
aber der Jüngling und die Jungfrau sind geneigt zu Uebermut und
Jähzorn (animositas sive iracundia), zur Ueppigkeit (luxuria) und zu
Zucht- und Zügellosigkeit (dissolutio et lascivia). Dieses Alter ist
ein Weg voller Gefahren, denen keiner ohne Unterstützung entgehen
kann. Hier hat das nitimur in vetitum semper cupimusque negata
seine Geltung. Die Kräfte sind noch unerschüttert, das Blut wallt,
und die Sinne dürsten nach Genuss. Da muss denn die Zucht mit
aller Energie eingreifen und muss den Zögling von der Hoffart zur
Demut (humilitas) führen, die den Stolz des eigenen Herzens nieder-
drückt und sich dem beratenden Willen anderer gern unterordnet;
an Stelle der Ueppigkeit aber muss sie die Keuschheit (castitas)
setzen, und mit Recht, weil die Unkeuschheit dasjenige Uebel ist,

[1] Interior disciplina consistit in humilitate ac benignitate, caritate etc.
c. XXXI.

3*

welches dem jugendlichen Alter am meisten schadet. Möglich wird
die Erziehung zur Keuschheit dadurch, dass der Erzieher immer an
die Scham appelliert und diese pflegt durch Fernhalten seiner Zöglinge von den sinnlichen Freuden des Lebens. Und endlich ist der
Zügellosigkeit gegenüber jene Reife (maturitas) zu erstreben, wie sie
sich durch würdevollen Ernst (gravitas) in Haltung und Gebärde,
und durch ein achtsames, bescheidenes Schweigen charakterisiert
(taciturnitas). — Alle diese Uebel finden sich in fast gleichem
Maasse bei Knaben oder Jünglingen und Mädchen oder Jungfrauen,
und die Anwendung der Zucht muss sich deshalb in gleicher Weise
auch auf die letzteren erstrecken; das aber, was bei diesen als das
beste und hauptsächlichste Gegenmittel gegen einen schlechten Wandel
in's Auge zu fassen ist, und zwar noch mehr als bei den Knaben,
ist die Scham. Es gilt hier das Wort des Cyprianus, dass bei
Männern die Klugheit (prudentia), bei Frauen die Keuschheit (pudi-
citia) die Sitten bewahre. Auch die Mädchen sind daher von allem,
was der Schamhaftigkeit feindlich ist, fernzuhalten, vor allem von
überflüssiger Ergötzlichkeit des Fleisches und von schlechter Gesellschaft (maxime a delectatione carnis superflua et a societate mala.
c. XLIII). — Ihren Gipfelpunkt erreichen alle diese Tugenden in der
Erkenntnis der Liebe Gottes, welche er uns erwiesen, weil diese den
Menschen dazu treibt, aus seiner Sünde heraus die rettende Gnade
zu ergreifen, die ihm zum Siege über die Lüste verhilft. Mit ihr
hat der Zögling den Höhepunkt seiner inneren Ausbildung erreicht.

Die sittliche Gesinnung hat sich aber weiter auch in der äusseren
Haltung zu bewähren und dahin zielt die *äussere Zucht*[1]).

Ihr Hauptgebot ist nach Vincentius, keinem ein Aergernis
(scandalum) zu geben. Es sind also zumeist die gesellschaftlichen
Verhältnisse, welche hier in Betracht kommen, wie denn Vincentius
überhaupt dem geselligen Verkehre einen grossen Wert beimisst.
»Die Natur liebt nichts Einsames« (natura nihil solitarium amat), von
diesem Satze Cicero's ausgehend, empfiehlt er ein Leben in der Ge-
meinschaft auch schon für den Knaben, weil dieser durch dasselbe
von anderen lerne und leiblich und geistig gefördert werde, vorausgesetzt allerdings, dass die betreffende Gesellschaft für seinen Charakter
geeignet und mit seiner Beschäftigung und seinen Bestrebungen über-
einstimmend sei. Der Umgang muss daher immer mit Vorsicht
gewählt werden; vor schädlichem Verkehre sind die Zöglinge durchaus
zu behüten, auch im späteren Alter noch, und nur mit solchen sollen
sie sich abgeben, von denen sie eine sittliche Förderung erwarten,
und auf die sie in gleicher Weise einwirken können. Nichts sei
besser als ein wechselseitiges Anspornen, das Gute zu thun und das
Böse zu meiden[2]). Böse Beispiele, die von einer schlechten Gesell-

---

1) Exterior disciplina consistit in decenti compositione membrorum (c. XXXI).
2) .... fovebuntur mutuo, id est, mutuis exemplis, videlicet bonum faciendi
et malum fugiendi. (c. XXXII).

schaft ausgehen, verderben notwendig die Sitten, und in diesem Falle ist dann zugleich die für den gesellschaftlichen Verkehr unbedingt nötige Eintracht gefährdet, weil man doch nur den Charakter zu lieben vermöge, der sich gleich dem eigenen gebildet hat[1]). Die Grundlage allen geselligen Verkehrs ist daher die Moralität[2]) (moralitas), die sich dem Leben anderer anzupassen weiss, ohne von den eigenen Tugenden abzuweichen.

Zuletzt schildert Vincentius noch die Charaktereigenschaften, welche man im Verkehre mit solchen zeigen soll, die nicht zum unmittelbaren, gesellschaftlichen Umgange gehören, denen man aber in verschiedenen Fällen gegenübergestellt wird. Für den Verkehr mit den Vorgesetzten soll der Zögling zum Gehorsam, zur Ehrfurcht, zur Willfährigkeit und Verehrung erzogen werden, für den mit Gleichgestellten zur Eintracht, für den mit den Untergebenen zum Wohlwollen und zur Freundlichkeit.

Es ist aber dieses gesellschaftliche Leben nicht möglich ohne die Beobachtung auch der *äusseren gesellschaftlichen Formen.* Hier kommt es dem Vincentius vor allem an auf eine geziemende Haltung der Glieder (cf. p. 36 Anmk. 1), denn diese werde zu einer Fessel der Begierden und halte alle Aufwallungen der Sinnlichkeit und unerlaubter Triebe nieder. Wo die Glieder des Körpers durch eine solche äussere Zucht gebunden seien, da könne es auch an Zucht der Seele nicht fehlen[3]).

Die Formen des äusseren Lebens sollen mithin nach Vincentius derart auf das Innere zurückwirken, dass sie zu einem wirklichen Ausdruck desselben werden. Alle gehaltlosen, nur äusserlich angenommenen Formen verwirft er, weil sie besten Falles doch nur verflachen könnten. Er verlangt, dass jede äussere Form mit dem inneren Leben in vollster und reinster Harmonie stehe.

Leider sind die Objekte dieses Zweiges der Zucht nicht vollständig berücksichtigt, und auch die Ausführung des Berücksichtigten ist nicht eben scharf und eingehend. Immerhin aber giebt auch dieser Teil des Werkes Zeugnis von des Vincentius feinem pädagogischem Gefühle.

In das Bereich dieser äusseren Formen nun, über die der Zögling nach der Forderung des Vincentius (c. XXXI) zu unterrichten ist, gehören besonders die *Kleidung* (habitus), die *Gebärde* (gestus), die *Ausdrucksweise* (locutio) und die Haltung beim Genuss von Speise und Trank (comestio). Sie kommen ebenfalls mehr nur für das spätere Alter in Betracht, die erste Kindheit wird fast gar nicht behandelt. Nur das Eine führt Vincentius auf sie bezüglich an, dass

---

[1]) ... mores in altero nemo amplexatur nisi quos in se formaverit. (c. XXXIII).

[2]) Moralitas est, servata propria virtute, juste ac pie aliorum vitae se contemperare, ubi notanda sunt duo, scilicet ut aliorum moribus se conformet, et a virtute propria non declinet. (c. XXXIII).

[3]) Liganda ergo sunt foris per diciplinam membra corporis, ut intrinsecus solidetur status mensis. c. XXXI.

nämlich das Kind, da es die Unreinlichkeit nicht vermeide, vielfach den Schmutz sogar liebe, zur Reinlichkeit gewöhnt werden müsse. Zuerst also die *Kleidung*. Sie soll weder vernachlässigt, noch prunkend oder geckenhaft sein, sondern dem Stande einer jeden Person angemessen und entsprechend. Es richtet sich das insbesondere gegen die schon damals übliche Unsitte, die Kleider bis zum Lächerlichen eng anliegend oder übermässig kurz oder gebauscht oder geschlitzt zu tragen. — Dann die *Gebärde*. Sie muss einnehmend, ohne Weichlichkeit; ruhig, ohne Lässigkeit; ernst, ohne Unbehilflichkeit; munter, ohne Unruhe und frei, ohne Keckheit sein. Jedes einzelne Glied soll nur das thun, wozu es geschaffen ist. Nirgends darf Maass und Anstand verletzt werden. Das Maulaufsperren, Gesichterschneiden, Augenverdrehen, Nasenrümpfen, Hin- und Herwerfen der Arme, Zucken mit den Schultern u. dergl., hinter dem sich irgend etwas Wichtiges verstecken soll, ist lächerlich und ungebührlich. — Ebenso ist auch betreffs der *Ausdrucksweise* alles Unnütze, Unanständige, alles, was zum Irrtum oder zur Verkehrtheit führt, zu vermeiden. — Und schliesslich muss betreffs des *Essens* auf Schweigen während der Mahlzeit gehalten und alles ungebührliche Umherschen vermieden werden. Man soll sittsam nur auf den eignen Teller sehen; man darf nicht das Fett oder die Brühe auf's Tischtuch träufeln lassen, nicht ein Stück wieder wegthun und in ein anderes stechen, das Gemüse nicht mit den Fingern essen, und vor allem nicht über Bedürfnis essen.

Die Darstellung der Lehre von der Zucht, wie wir sie bei Vincentius finden, ist mit dem bisherigen eigentlich beendigt. Die noch nicht berücksichtigten Kapitel über die »Einrichtung des ehelichen Standes« (c. XXXVII) und über die »Enthaltsamkeit von der Ehe« (c. XXXVIII), sowie über die »Haltung des Mannes- und Greisenalters« und die Vorbereitung auf den Tod und die Zeit nach dem Tode (c. XXXIX—XLI) gehören nicht in die Pädagogik.

§ 4.

Die *religiöse Bildung* behandelt Vincentius zwar nicht in gesonderter Weise, doch gilt ihm keine Erziehung ohne eine solche; ja er erblickt erst in ihr die wahre Vollendung derselben und spricht dies wiederholt und mit Nachdruck aus. Beim Unterrichte ist ihm die Erkenntnis Gottes das Maassgebende, und zwar in so exclusiver Weise, dass eine Würdigung und Anerkennung solcher Unterrichtszweige, die nicht im Dienste der religiösen Wissenschaft stehen, für Vincentius unmöglich war. Ebenso hat die Zucht ihr höchstes Ziel darin zu suchen, den Menschen zu einem dieser Erkenntnis Gottes entsprechenden sittlich-religiösen Leben zu führen, denn erst Wissen und Thun im Einklange ist, wie es Vincentius zum öfteren betont, das vollkommene Leben.

Es fehlt leider auch hier, wie fast durchgängig bei den übrigen die Zucht betreffenden Vorschlägen, eine Angabe über die Art und Weise, in welcher sich Vincentius die Anleitung zum religiösen Leben denkt, wie sie schon im Hause von Seiten der Mutter geschehen soll, um dann fortgesetzt zu werden in der Schule u. s. w., aber das Ziel selbst ist richtig erfasst.

Von dem Worte des Herrn ausgehend: Lasset die Kindlein zu mir kommen und wehret ihnen nicht, denn solcher ist das Reich Gottes! verlangt Vincentius, dass schon die Kinder zu einem religiösen Leben angeleitet werden. Er erkennt klar und deutlich, dass hier der beste Boden ist, um dieses höchste Ziel zu pflegen und zu sichern, weil das, was in dieser Zeit schon Wurzel fasst, später auch sichere Frucht trägt. Das fernere Leben aber unterstellt er ganz dem göttlichen Gesetze, und die Liebe zu Gott soll die Triebfeder sein, welche den Menschen um des göttlichen Gebotes willen alles andere verachten lehrt. Jede Seele ist elend, wenn sie gefesselt liegt in der Hinneigung zu vergänglichen Dingen, und wird zerrissen, sobald sie dieselben verliert. (Miser est omnis animus vinctus amicitia rerum mortalium et dilaniatur cum eas amittit. c. XXXIII). Und da überhaupt Niemand zween Herren dienen kann, so ist es weit besser, nützlicher und ehrenhafter für einen Menschen, seine Jugendzeit im Dienste Gottes zu verbringen als im Dienste der Welt oder des Fleisches oder des Teufels. Der Zusammenschluss zu einem einheitlichen Leben, das in sich selbst den Frieden trägt, kann daher nur im religiösen Leben liegen.

§ 5.
Töchtererziehung. Kap. XLII—LI.

Alles, was in diesen Kapiteln für die Pädagogik von allgemeiner Wichtigkeit ist, hat bereits in dem bisher Erörterten seine Stelle gefunden. Die speciellen Bemerkungen über Töchtererziehung sind jedoch von grossem Interesse und gewähren einen neuen Blick in des Vincentius pädagogisches Talent, so dass wir sie in der Kürze noch zusammenstellen.

Nicht nur die Knaben, sondern auch die Mädchen will Vincentius in die Wissenschaft einführen (litteris quidem eas imbui convenit c. XLIII), damit aber nicht Uebersättigung eintrete, soll bei ihnen mit dem Studium (mit der honesta et, utilis occupatio) Gebet und (Hand-) Arbeit wechseln, durch die sie zugleich vor Versuchung und vor müssigen Gedanken geschützt seien. Ebenso wie die Knaben aber sollen auch sie unterwiesen werden in guten Sitten und Gewohnheiten (idem quoque agendum est in aetate tenera de puellis, videlicet instruantur in moribus et consuetudinibus bonis. c. XLIII). Die religiöse Bildung ist auch hier die Hauptsache, ja Vincentius fordert sie für Mädchen noch eindringlicher, man könnte fast sagen ängstlicher, als für die Knaben. Alle ihre Arbeit soll beginnen und schliessen mit dem

Gesange von Hymnen und durch solche dann und wann auch unterbrochen werden; doch soll auch eine Unterweisung darüber nicht fehlen, wie man den Spinnrocken zu halten, die Spindel zu drehen und mit dem Daumen die Fäden zu führen habe. — Die *höchste Zierde* des Mädchens aber ist die Keuschheit. Die sinnlichen Begierden regen sich auch bei ihm, und mit grösster Sorgfalt muss deshalb die Schamhaftigkeit desselben bewahrt werden. Es ist höchst gefährlich, junge Mädchen allenthalben zu Tanz oder Schauspiel oder Tischgesellschaften zu führen. Dort sehen sie meist nur Anstössiges und werden zu leicht begehrlich, denn Beispiel und Zuflüsterung (suggestio) sind die beiden Hauptquellen der Unkeuschheit. Viel besser behütet man sie im Hause, damit sie nicht durch alberne Schmeichelreden buhlerischer Frauen (ineptis feminarum blanditiis) an zweideutige Worte gewöhnt werden und nicht schon im Jugendalter das lernen, was sie später erst lernen sollen. Wenn sie aber doch ausserhalb des Hauses zu schaffen haben, dann soll man sie wenigstens nicht ohne eine für sie geeignete Begleiterin lassen. — In sehr treffender und sicherlich auch von uns nur zu billigender Weise tadelt Vincentius dann noch den überflüssigen Schmuck. Köstliche Kleider, Edelsteine und Salben und was sonst zum weiblichen Schmucke gehören mag, regen die Seele leicht heftiger auf, wenn man nicht mit festem Sinne der Keuschheit zugewendet ist und die Begierden mit Gewalt zähmt. Auch das Kleid soll ein Abbild der Seele sein (vestis ipsa tacentis animi indicium. c. XLIV). Aller Aufputz, mit dem man nur auf andere wirken will, alles Kokettieren mit Mäntelchen u. dergl. ist zu vermeiden. Auch der Haarputz und das Färben der Haare ist verwerflich und vor allem das Bemalen oder Schminken des Angesichts, weil das doch nur eine Verunstaltung des Ebenbildes Gottes sei. Beleidige man doch schon einen Künstler, wenn man sein fertiges Werk überstreichen wolle, wie viel mehr noch Gott, wenn man sein Bild mit Farbe verunreinige und unkenntlich mache!

Demgegenüber zeichnet er mit kurzen aber charakteristischen Strichen die Gestalt eines wahrhaft guten und trefflichen Mädchens. *Keuschheit, Demut* und *Schweigsamkeit* sind ihre höchste Zierde. Er hält es für besser, dass das Mädchen zu wenig, als dass es zu viel spreche (virgini sermonem malim deesse quam superesse. c. XLVI). Nach aussen hin aber soll es den Anstand und die Gemessenheit bewahren in der Gebärde und in der Haltung des Körpers. Mit solchen Eigenschaften ausgestattet müsse ein Mädchen aller Menschen Freude sein. ·

IV.

Der pädagogische Wert der Schrift de eruditione filiorum regalium.

Dem Titel gemäss sollte man meinen, die Schrift de eruditione filiorum regalium sei ausschliesslich eine Abhandlung über die Erziehung von Prinzen. Die vorausgehende Darstellung der in ihr entwickelten Grundsätze zeigt uns jedoch, dass dies nicht der Fall. Speciell fürstliche Verhältnisse und höfische Sitten werden nirgends zum leitenden Gesichtspunkte genommen. Der Titel findet seine Erklärung und Rechtfertigung deshalb wol nur darin, dass die Schrift von der Königin Margaretha veranlasst und ursprünglich nur für die königlichen Kinder verfasst war, doch nicht in dem Sinne, als ob ein Unterschied zu machen sei zwischen fürstlicher und irgend welcher anderer Erziehung. Der Tractatus de eruditione ist *eine Darstellung allgemein giltiger pädagogischer Grundsätze und zwar die erste umfassendere in der christlichen Literatur.*

Als solcher nun ist er nicht eine lediglich aus den Anschauungen und Erfahrungen des Vincentius selbst geflossene und von ihm geschaffene Arbeit, sondern zum grössten Teile eine Zusammenstellung, man kann wol sagen aus sämmtlichen, oder doch wenigstens aus den bedeutendsten der damals bekannten Autoren, die sich über die Erziehung und Bildung des Menschen nach der einen oder anderen Seite hin ausgesprochen hatten. Er ist ein *Compendium der Pädagogik jener Zeit,* das eine erstaunliche Belesenheit und den ausdauerndsten Fleiss des Verfassers voraussetzt. *Vogel* in seinem Progr. §. 14, Anmk. 10 bemerkt hierauf bezüglich: »Diese Schrift des Vincentius ist wie die köstlichste Mosaik-Arbeit aus mehr als 276 Stellen der heiligen Schriften A. und N. T., aus 357 Aussprüchen der meisten kirchlichen Väter und Schriftsteller, aus 239 Sentenzen heidnischer und einiger arabischer Schriftsteller zusammengesetzt. Unter den heidnischen Schriftstellern sind am häufigsten benutzt: Cicero, Quintilian, Seneca, Ovid, Horaz, Aristoteles, Val. Maximus, Varro, nebst diesen noch vierzig andere, aus denen aber weniger Stellen genommen sind;« unter den ihm näher stehenden Scholastikern aber (setzen wir hinzu) ist Keiner mehr als Hugo v. St. Victor für ihn maassgebend gewesen. Somit trägt das Werk einen gewissen *historischen Wert* in sich, weil wir aus ihm einen trefflichen Gesammtüberblick über die pädagogischen Anschauungen der verschiedensten Schriftsteller aus den verschiedensten Zeiten erhalten.

Dennoch würde man dem Vincentius in hohem Maasse Unrecht thun, wollte man seinen Tractat als eine blose Compilation bezeichnen. Vielmehr kann er hier noch am ehesten selbstschöpferisch genannt werden. Was er von fremden Autoren giebt, ist sicherlich auch seine eigene Anschauung, und alle jene Citate sind nicht etwa in mechanischer Weise aneinandergereiht, sondern unter genau bestimmten, von Vincentius selbst aufgestellten Gesichtspunkten verwertet und durch eigene Anschauungen bereichert.

Diese eigenen Anschauungen des Vincentius aber bekunden ein entschiedenes *pädagogisches Talent*, eine tiefe Einsicht in das Wesen der Erziehung, deren Hindernisse ihm in ihrer Mannigfaltigkeit ebenso klar vor Augen stehen, als andererseits Zweck und Ziel, welche sie erreichen soll. Sie sind nicht blos graue Theorie, sondern zum guten Teile aus dem Leben geschöpft und in das Leben hineinführend, so namentlich in den Kapiteln über die Zucht und die Töchtererziehung. Der Verkehr mit dem Hofe machte es ihm ja möglich, trotz seiner klösterlichen Zurückgezogenheit das Leben dennoch auch nach seiner praktischen Seite aus eigener Anschauung kennen zu lernen. Wie wäre es sonst denkbar, dass die Königin gerade von ihm eine Anleitung für die Erziehung ihrer Kinder verlangte?

Der *Standpunkt* freilich, von dem aus Vincentius sein Werk schrieb, ist *ein rein theologischer,* und zwar vollständig bestimmt durch die Grundsätze der damaligen Theologie, über die der Verfasser nicht hinausgeht und von denen er nicht abweicht. Die eigentlich höfische, ritterliche Erziehung bleibt völlig unberücksichtigt, und von dem bald nach ihm stattfindenden Anbruche einer neuen Zeit und Entwicklung lässt sich nicht die leiseste Spur erkennen. Vincentius steht in der Abneigung gegen classische und humanistische Bildung keinem seiner gleichgesinnten Zeitgenossen nach. Wir haben gesehen, dass er bis zur Missachtung dieser Bildung fortging. Das prägt sich auch in seiner Sprache aus, die der classischen weit nachsteht. Er bildet gewissermaassen den Abschluss der alten, von rein kirchlichem Interesse geleiteten Zeit, deren Principien er in seinem Tractate zusammenfasste.

Aber abgesehen von dieser principiellen Stellung und abgesehen auch von dem damit zusammenhängenden mönchischen Gepräge, das sich dann und wann geltend macht, verfährt Vincentius in den Forderungen, die er an das Leben stellt, doch nicht allzu rigoristisch, vielmehr finden sich hieraufbezüglich in seinem Tractate manche für seine Zeit geradezu überraschende Bemerkungen, wenn schon auch hier die Anknüpfung an Hugo von St. Victor öfter sichtbar wird.

Die *Ausführung* des Werkes im Einzelnen endlich, um auch auf sie mit kurzen Worten noch einmal zurückzukommen, wird kaum unsere Zustimmung finden. In dem grossen Rahmen, den wir gut heissen, sind eine Reihe von guten Vorschlägen und Forderungen zusammengestellt, die aber durchgehends einer *stetigen* zusammenhängenden Entwicklung entbehren. Jede tiefere Begründung derselben fehlt, und auch der Weg, auf dem sie zu verwirklichen und zu erfüllen sind, ist nirgends angegeben. Was die Darstellung aber charakterisiert und auszeichnet, das ist ein gewisser dialektischer Grundzug. Denn wenn auch vieles Zusammengehörige in der Entwicklung getrennt und durch's Ganze verstreut ist, so sind die einzelnen Fragen doch immer klar gestellt und entwickelt.

So ist die Schrift des Vincentius nach unseren heutigen Anschauungen nicht ohne erhebliche Mängel. Immerhin aber verdient sie hohe Bewunderung, wenn man die Zeit berücksichtigt, in der sie entstanden und in Betracht zieht, dass sie den ersten Versuch bildet, die Pädagogik von *christlichem* Standpunkte aus *im Zusammenhange* darzustellen. Für eine lange Zeit ist sie auch eine reichhaltige Quelle gewesen, aus der man bei Abfassung pädagogischer Systeme schöpfte.

VITA.

Ich, *Wilhelm Richard Friedrich*, bin geboren am 7. Febr. 1857
in Hirschfeld bei Leipzig. Bis zum 13. Jahre im elterlichen Hause
und der Schule des Dorfes erzogen, trat ich von da ab in das Pro-
gymnasium zu Grimma ein, um mich für das Aufnahme-Examen in die
Königl. Sächs. Fürsten- und Landesschule daselbst vorzubereiten, in die
ich denn auch Ostern 1872 recipiert wurde. Nachdem ich hier 6 Jahre
die Erziehung und Bildung genossen, erlangte ich Ostern 1878 das
Zeugnis der Reife für die Universität und begab mich nun nach
Leipzig, um Theologie zu studieren. Drei Jahre lang habe ich daselbst
den theologischen Studien obgelegen und ausserdem Collegien über
Philosophie, Pädagogik und Literatur gehört, dann unterzog ich mich
der theologischen Prüfung pro candidatura et pro licentia concionandi,
die ich am 4. Aug. 1881 bestand. Am 15. Aug. desselben Jahres erhielt
ich Anstellung am Gymnasium der Thomasschule zu Leipzig und rückte
daselbst nach abgelegter pädagogischer Ergänzungsprüfung in die Stellung
eines ständigen Oberlehrers ein, in der ich mich jetzt befinde.